카툰
인문학 [완결판] ③

카툰 인문학 [완결판]

발행일	2017년 6월 21일

지은이	전 왕		
펴낸이	손 형 국		
펴낸곳	(주)북랩		
편집인	선일영	편집	이종무, 권혁신, 송재병, 최예은
디자인	이현수, 이정아, 김민하, 한수희	제작	박기성, 황동현, 구성우
마케팅	김회란, 박진관		
출판등록	2004. 12. 1(제2012-000051호)		
주소	서울시 금천구 가산디지털 1로 168, 우림라이온스밸리 B동 B113, 114호		
홈페이지	www.book.co.kr		
전화번호	(02)2026-5777	팩스	(02)2026-5747

ISBN	979-11-5987-599-1 04300(종이책) 979-11-5987-600-4 05300(전자책)
	979-11-5987-046-0 04300(세트)

이 도서의 국립중앙도서관 출판예정도서목록(CIP)은 서지정보유통지원시스템 홈페이지(http://seoji.
nl.go.kr)와 국가자료공동목록시스템(http://www.nl.go.kr/kolisnet)에서 이용하실 수 있습니다.
(CIP제어번호: CIP2017014066)

(주)북랩 성공출판의 파트너
북랩 홈페이지와 패밀리 사이트에서 다양한 출판 솔루션을 만나 보세요!
홈페이지 book.co.kr · **블로그** blog.naver.com/essaybook · **원고모집** book@book.co.kr

카툰
인문학

[완결판]

③

변호사
전 왕

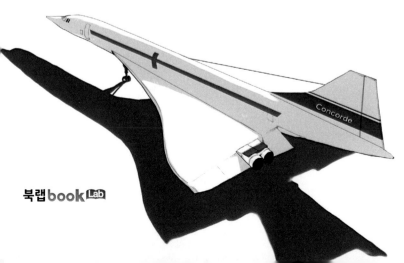

북랩 book Lab

Intro

　인문학은 인간의 사상 및 문화를 대상으로 하는 학문 영역으로서 인간과 관련된 근원적인 문제를 다루고 있기 때문에 우리에게 세상의 흐름을 읽고 이해하는 식견과 안목을 제공하여 복잡한 세상사와 삶에서 부딪치는 문제를 풀어나가는 지혜의 원천이 됩니다. 한 시대의 문제는 결국 인간의 문제이며 변화무쌍한 세상사를 예측하고 적절한 대책을 강구하기 위해서는 인간에 대한 이해, 인문학적 소양이 필수적으로 요구됩니다.

　우리는 지금까지 당장 배워서 써먹을 수 있는 기술과 어학교육에 치중해 왔고 입시 위주의 교육은 우리를 영어, 수학에 몰입하도록 내몰아 왔습니다. 또 당장 눈앞에 보이는 이익을 추구하는 상업주의에 물든 교육 풍토는 돈이 되지 않는다는 이유로 인문학적 가치를 소홀히 해 온 것이 사실입니다. 이러한 태도는 약자에 대한 비하·따돌림, 물신주의, 인간 소외, 생명 경시 풍조, 환경 파괴 등의 부작용을 초래하여 모두의 안전과 행복을 위협하고 있을 뿐 아니라 장기적으로 부를 가져올 수 있는 미래가치를 창출해 내는 일을 등한시하게 되어 우리의 미래를 어둡게 하고 있습니다.

　롤프 옌센은 「Dream Society」에서 "정보의 독점 시대는 끝났고 인터넷은 경계가 없기 때문에 미래의 전쟁은 아이디어와 가치관을 내용으로 하는 문화와 이야기의 전쟁, 콘텐츠 전쟁이 될 것이며 뛰어난 이야기를 가진 전사가 세계와 시장을 지배할 것이다. 미래에는 기술, 정보, 군사력보다 문화 콘텐츠, 소프트 파워를 갖춘 문화의 힘이 세계를 지배할 것이다." 라고 하였습니다.

　역사에 상상력을 가미한 역사 드라마가 문화상품으로서 큰 부가가치를 창출한 것을 보면 인문학이 돈이 되지 않는다는 말도 이미 옛이야기가 되었습니다. '잭과 콩나무' 이야기에서 우주 엘리베이터 사업 아이디어를 얻게 된 것, '한 알의 모래 속에서 세계를 보고, 한 송이 들꽃 속에서 천국을 본다'는 시에서 영감을 얻어 스티브 잡스가 손안의 작은 세상 스마트폰을 발명한 것처럼, 사람들은 관계없는 이야기처럼 보이는 글 속에서 전혀 다른 사고방식을 접하게 되고 세계를 보는 눈이 바뀌게 되며 현재와 미래를 통찰할 수 있는 안목이 생기게 됩니다. 인문학적 소양에 바탕을 둔 상상력, 아이디어, 통찰력에 의해 경제적 부가 창출되고 새로운 사회가 만들어지는 것입니다.

이 책은 필자의 의견, 전문지식이나 연구 결과를 소개하고자 하는 것이 아니라 문학, 철학, 역사, 정치, 경제, 문화, 예술, 인류학 등 인문학 분야의 필독서를 망라하여 인문학적 소양과 인성을 함양할 수 있도록 잘 정리된 책을 만들어 보고자 하는 의도에서 집필되었으며, 그것이 저자의 능력의 한계임을 밝혀 두고자 합니다. 여러 분야의 선지자, 석학들의 연구 결과를 엄선하여 알기 쉽게 정리하는 것 역시 필요한 일이며 필자의 부족한 능력은 "현자의 임무는 정리하는 것이다."라는 토마스 아퀴나스의 신조로써 용기를 얻고자 합니다. 이 책을 읽으시는 모든 독자분들이 인간과 자연, 문명, 문화, 예술에 대한 이해를 높이고 통찰력을 기름과 동시에 인간을 존중하고 자연을 사랑하며 정신적 풍요 속에 진정 행복한 삶을 살아가시기를 기원합니다.

카툰 인문학 시리즈는 제3권으로 완결 짓고자 합니다. 인문학은 분야가 다양하고 영역이 방대하여 적합한 주제를 선정하고 정리하는 데 어려움이 있었습니다. 비서 탁수정님, 둘째 아이 출산으로 사직한 비서 육경희님, 주제의 개요를 그림으로 센스 있게 표현하여 이해하기 쉽게 정리해주신 일러스트레이터 주영아님 등 카툰 인문학 시리즈를 무사히 완결 지을 수 있도록 도와주신 여러분들의 노고에 감사드립니다.

2017년 6월
서초동 사무실에서
변호사 전 원

Contents

제2장 시간

제3장 소유 - 돈, 재산

제4장 경제

제5장 소 비

제6장 가족·결혼

제7장 대상에 대한 인식

행복

제1장 행복

1. 인생의 목적은 행복이다

인간은 행복을 추구하기 전에 먼저 살아남아야 한다. 진화에 있어서 우선순위는 행복이 아니라 생존이었다. 인류는 살아남기 위해 계속해서 새로운 경험을 쌓아야 했고, 경험으로 얻은 행복한 순간들은 인간으로 하여금 살아남기 위해 더 노력하게 만들었다. 이제 인간은 살아남는 것이 목표가 아니라 행복하게 살고자 하며, 일시적 행복에 만족하지 못하고 항상 행복하기를 원한다. 건강, 재산, 쾌락, 지식, 지혜 등은 행복을 얻기 위한 수단이 될 수는 있지만, 그 자체가 궁극적 목적이 될 수는 없다. 행복은 다른 것을 얻기 위한 조건이 아니라 그 자체가 궁극적인 목적이며, 따라서 인생의 궁극적 목적은 행복이라고 할 수 있다.

> 행복은 수품보눔Summum bonum(최고선)이다. 행복은 우리의 욕망을 움직이는 최대의 동기이며, 인간이 지향하는 궁극적인 기쁨이다.
> - 파스칼

인생에서는 건강, 재산, 쾌락, 지식, 지혜, 사랑, 우정, 친구, 가족, 성공 등 모든 것이 어우러져 행복을 만든다. 건강, 재산, 쾌락, 지식 등이 행복한 삶을 위한 중요한 부분이기는 하지만 그 자체가 궁극적 목적이 될 수는 없다.

2. 행복은 생존을 위한 진통제 - 진화심리학

진화심리학에서는 인간이 행복을 느끼는 것은 고통을 제거함으로써 생존가능성을 높이기 위한 것이며 행복은 인간이 생존하기 위한 진통제라고 한다.

진화심리학에서는 행복은 인생의 목적이 아니라 생존을 위한 수단이며, 인간은 행복해지기 위해 사는 것이 아니라 살기 위해 행복감을 느끼도록 설계되어 있다고 한다. 인간이 고통을 느끼는 것은 위험을 제거하게 하여 생존 가능성을 높이기 위한 것이고, 행복을 느끼는 것은 고통을 제거함으로써 역시 생존 가능성을 높이는 것이라고 한다.

진화심리학에서 보는 행복은 인간이 생존하기 위한 뇌의 진통제이다. 인간은 행복감을 느껴야 후손을 번식하려 할 것이다. 그러므로 결국 행복은 생존과 번식을 위한 수단에 불과하다는 것이다. 그러나 인간은 그냥 생존하기를 원하지 않으며, 생물적 삶에 만족하지 않는다. 인간은 고통을 겪더라도 자신의 이상과 가치를 실현하면서 살아가고자 하며, 그것을 행복이라고 생각한다. 진화심리학은 타당성의 일면만을 흥미롭게 제시하고 있을 뿐이다.

3. 행복은 욕망과 이성의 조화 속에 있다

욕망은 생명의 원동력이며, 욕망을 포기한 삶에서는 살아있는 느낌이 없다. 욕망을 극단적으로 무시하던 마르크스주의는 실패했다. 욕망은 억압하면 사라지는 것이 아니라, 오히려 무의식의 차원으로 물러나서 정신적 상처(trauma)로 자리 잡아 심리적 콤플렉스가 된다. 그 결과 욕망의 억압이 신경증, 정신불안증을 초래할 수도 있다.

행복한 삶은 지나친 욕망과 모험, 과도한 경계나 억제에 있지 않다. 욕망은 생명의 원동력이자 우리를 인간답게 살아있게 하는 요소이다. 그러므로 무조건 억압할 것이 아니라 사랑, 자비, 관용 등 가치 있는 욕망을 추구하고, 그것을 바람직한 방향으로 이끌어가는 것이 중요하다. 그리고 욕망과 이성의 조화를 찾아 균형감 있게 살아가는 것이 필요하다.

욕망은 생명의 원동력이자 우리를 인간답게 살아있게 하는 요소이므로 무조건 억압할 것이 아니라 이성과의 조화 속에 균형감 있게 살아가는 것이 필요하다.

4. 행복은 자연스럽게 사는 것이다

고대의 코스모스적 세계관에 따르면 인간은 우주적 질서 안에서 타고난 자리가 있으므로 인간의 고유한 기능인 이성을 잘 활용하고 자신의 타고난 재능을 잘 발휘하여 사는 것이 최선의 삶, 행복한 삶이다.

아리스토텔레스는 인생의 가장 큰 목표는 행복이라고 했다. 행복은 고유한 기능을 잘 발휘하는 것이고, 이것이 선善이라고 하면서, 주어진 역량을 최대한 개발하고 사는 것이 최선의 삶이라고 했다. 또 인간의 고유한 기능은 이성이므로, 이성을 잘 활용하여 바람직한 삶을 영위함으로써 행복을 얻을 수 있다고 했다.

로마의 철학자 세네카(Seneca, BC 4~AD 65)는 행복하기 위해서는 만족과 쾌락이 아니라, 자연에 걸맞은 삶을 살아야 한다고 했다. 자연은 세계의 질서에 따르는 의미 있는 삶을 살라고 우리에게 이성을 주었으므로, 스스로의 욕망과 감정에 지배되지 말아야 한다는 것이다.

자연스럽게 산다는 것은 운명에 순응하는 삶이 아니라, 자기의 타고난 재능을 잘 발휘하여 사는 것을 의미한다.

■ 고대의 코스모스적 세계관에 따르면, 자연은 조화로운 것이며, 자연의 질서는 정당하고 선하다. 우주적 질서 안에서 각자 타고난 자리가 있고, 인간에게 주어진 것은 이성이다. 따라서 참된 삶과 행복을 위해서 인간은 이성에 따르는 삶을 살아야 한다. 코스모스적 세계관은 인간의 이성과 타고난 자질, 재능을 중요시한다.

5. 의식하지 못하는 행복은 없다

의식과 무관하게 작용하는 생리작용과 수면을 행복의 전형으로 볼 수는 없다. 행복은 욕망과 객관적 현실이 서로 부합하고 조화를 이룰 때 생기는 것이다. 그러므로 행복이 있으려면 내가 무엇을 바란다는 목표가 있어야 하고, 그것을 이루기 위해 내가 해야 할 행동을 의식하고 있어야 한다. 따라서 자신이 행복하다고 자각하고 있지 않으면, 그것은 나에게 진정한 행복이 될 수 없다. 소망의 실현을 전제하고 있지 않은 행복은 충족될 수 없으며, 의식하지 못하는 행복은 존재하지 않는다.

No human is happy who does not think himself so.
스스로 행복하다고 생각하지 않는 사람은 행복하지 않다.
- 마르쿠스 아우렐리우스(Marcus Aurelius)

사람은 행복하기로 결심하고 있는 한 행복하다. 아무것도 그를 막지 못한다.
- 솔제니친(Solzhenitsyn)

행복은 자신의 욕망과 현실이 부합할 때 생긴다. 행복하려면 자신이 무엇을 바란다는 목표가 있어야 하고 목표하는 상태에 도달하여 자신이 행복하다는 것을 의식하여야 한다. 의식하지 못하는 행복은 있을 수 없다.

6. 행복은 주관적 만족감이다

멋지군. ♥

행복은 자신이 중요하다고 생각하는 영역에 대한 주관적 평가, 자신이 좋아하는 일을 즐기는 태도와 큰 관련성이 있다. 행복은 한 사람이 자신의 삶에 대하여 가지는 긍정적인 생각과 주관적 만족감에 의해 좌우된다.

행복은 사람들이 자신의 삶을 주관적으로 어떻게 평가하고, 무엇이 자신에게 중요하다고 생각하는가의 문제이다. 행복감은 자신이 처한 상황을 어떻게 생각하고 느끼는가에 의해 더 큰 영향을 받는다.

Joy is not in things; it is in us.
기쁨은 사물 안에 있지 않다. 그것은 우리 안에 있다.

긍정심리학자들(positive psychologists)의 견해에 의하면, 행복에 있어서는 심리적인 부富가 그 기준이 되는데, 이는 개인이 지닌 순자산이며, 여기에는 삶에 대한 열정, 사회적 자원, 영적 각성, 물질적 자원, 건강과 그 사람이 종사하는 일 등이 모두 포함된다고 한다. 그중에서도 심리적인 부의 세 가지 측면인 건강, 인간관계, 의미 있는 일이 매우 중요한 요소가 된다.

■ 남들이 보기에 행복의 조건을 많이 갖추고 있는 사람이 자살하는 이유는 행복이 위와 같은 심리적인 부, 정신적 성숙과 관련이 있기 때문인데, 정신적 빈곤, 심리적 만족도의 저하, 부정적 태도가 자살 충동 등을 유발하여 스스로를 불행으로 몰아가기도 한다.

7. 행복은 환상을 동반한다

인간의 현실은 불완전하고 불안하기 때문에 인간은 환상을 통해 결점을 메우고 삶의 위로를 얻고자 한다. 행복은 약간의 환상을 동반한다.

인간의 현실은 불완전하고 불안하다. 이 때문에 인간은 환상을 통해 결점을 메우고 위로를 얻고자 하며, 완벽한 행복, 아름다움, 영원한 생명 등 현실에서 얻을 수 없는 것들을 환상 속에서 찾는다. 현실의 초라함을 위로해주는 것들에 대한 갈망은 끊임없이 환상을 만들어낸다.

환상은 욕망과 관계가 있다. 환상은 현실적 불만과 고통에서 위안을 주고, 권태와 불안으로부터 우리를 해방시켜준다. 행복은 내게 부족한 것이 무엇인지에 따라 사람마다 다르게 상상되게 마련이므로, 항상 얼마간의 환상을 동반한다.

■ 사람들은 결핍을 환상으로 메워서 현실을 위로하고자 하나, 현실은 환상을 곧 붕괴시키고, 환상을 동반하는 행복은 오래 지속될 수 없다. 따라서 환상이라는 미성숙한 방어기제에 기대는 것보다는, 고통을 직시하고 마주 보며 삶의 균형을 찾아 나가는 것이 필요하다.

■ 철학자들은 행복, 선善, 삶이 동시에 이루어진다고 하면서, 지혜, 욕망의 절제, 자기 수양, 덕의 실천을 통해서 지속 가능한 행복을 추구할 것을 강조했다.

8. 행복은 머물지 않는다

　인간은 적응력이 뛰어나기 때문에 행복감은 순간적으로만 지속될 수 있다. 마음에 드는 것, 만족감을 느끼는 것, 환희의 순간은 얼마 못 가 곧 시들해진다. 새로운 요리를 맛볼 때의 기분 좋은 경험도, 첫사랑의 짜릿한 느낌도, 아이스크림의 달콤한 맛도 결코 오래 지속되지 않는다.

　절정의 쾌감을 맛본 마약 중독자들은 세상일에 더 이상 호기심을 갖지 않으며, 새로운 탐구나 경험을 찾지도 않는다.

　에베레스트 산을 올랐을 때의 환희의 함성 다음에는 어떻게 내려갈 것인지에 대한 걱정만 남게 되며, 정상의 느낌과 행복감은 오래가지 않는다. 그러나 등반가는 그 후에 다시 계획을 세우고 준비하여 또 다른 산을 오른다. 인생의 여정은 이와 비슷하며, 행복도 마찬가지이다.

산 정상에 올랐을 때의 환희와 함성은 잠시이고 그다음에는 어떻게 내려갈지에 대한 걱정이 남게 된다. 이처럼 행복은 머물지 않는다.

9. 행복은 소유하는 것이 아니라 찾는 것이다

인간은 적응력이 뛰어나기 때문에 행복감은 순간적으로만 지속될 수 있으며 행복을 소유할 수는 없다. 지속적 행복을 얻기 위해서는 생활 속에서 수많은 작은 기쁨의 순간들에 집중하여 그것을 발견하고 느끼는 것이 중요하다.

행복은 고래의 입속으로 들어가는 플랑크톤이나 초식동물이 매일 먹는 풀처럼 주변에 얼마든지 널려 있고, 우리가 계속해서 찾아 나가야 하는 것이다. 그러므로 머물러 있는 영원한 행복이란 존재하지 않는다. 따라서 행복은 지름길을 찾거나 잡으려 할수록 우리에게서 멀어진다.

지속적 행복을 얻기 위해서는 생활 속에서 수많은 작은 기쁨의 순간들에 집중하여, 그것을 발견하고 느끼는 것이 중요하다. 행복은 소유의 대상이 아니기 때문에, 각국의 헌법에서도 행복을 소유할 권리가 아니라, 행복을 추구할 권리를 갖는다고 규정하고 있다.

결국, 행복은 일상에 의미를 부여하면서 우리가 일생 동안 끊임없이 찾아 나가야 하는 것이며, 정신적 성숙과 밀접한 관련이 있다. 따라서 지혜와 덕성을 갖추고 더 나은 상태를 위하여 끊임없이 노력하는 과정 속에 행복이 있다. 행복을 추구하는 삶 자체가 행복한 것임을 알아야 한다.

10. 행복은 개체의 비약을 꿈꾸는 것이다

리처드 바크(Richard Bach)의 『갈매기의 꿈』에 나오는 갈매기 조나단 리빙스턴은 바닷가에서 찌꺼기를 주워 먹고, 먹이를 얻기 위해 비행(일)을 하는 생활에 회의를 느끼고, 보다 높이 날아오르기를 갈망한다. 조나단은 다른 갈매기들의 외면과 놀림을 피해 외딴곳에서 고된 훈련으로 비행술을 연마하여 가장 빨리 날 수 있게 되고, 많은 것을 터득하게 된다. 그는 인생이 짧은 이유는 권태감, 공포심, 분노를 마음속에 담고 있기 때문이라는 것을 알았고, 삶의 목적은 하고 싶어 하는 일을 하며 살아가는 것이라는 사실을 깨닫게 된다. 조나단은 지상으로 내려와 제자를 가르치고 다른 갈매기들에게도 자유를 주었다. 끊임없이 사랑을 행하라는 말을 실천하고 완전한 자유를 얻은 조나단은 빛나는 갈매기가 되어 하늘 저편으로 사라져 갔다.

인간의 참다운 행복은 먹고 사는 것(생존)의 문제가 아니라, 좀 더 높은 정신적 탐구와 자유에 있다. 더 높게 올라 더 멀리 바라봄으로써 좀 더 새로운 삶과 더 나은 세계를 추구하는 데 있다.

인간의 참다운 행복은 먹고사는 것의 문제가 아니라 좀 더 높은 정신적 탐구에 있으며 더 높게 올라 더 멀리 바라봄으로써 좀 더 새로운 삶과 더 나은 세계를 추구하는 데 있다.

11. 행복은 개인적 영역의 문제인가?

사회안전망이 취약하여 생명과 재산에 위협을 받는 사회에서는 누구든 삶의 질이 저하될 수밖에 없다. 행복은 개인적 영역의 문제가 아니라 사회적 조건과 밀접한 관련이 있다.

사회생활에서는 사회 안정과 구성원들 간의 화합이 필수적이다. 타자를 무시하는 가운데 행복은 있을 수 없다.

자신의 쾌락만 추구하는 이기적인 행위는 사회 공동체를 훼손하게 되고, 사회의 불행은 곧 개인의 불행으로 직결된다. 그러므로 행복을 개인적 영역에 국한되는 것으로만 볼 수는 없다. 예컨대 빈부차가 심하고 사회 안전망이 취약하여 자식이 납치를 당하고 밤길 다니기가 걱정되는 정도라면, 부자도 삶의 질이 저하될 수밖에 없다. 따라서 행복은 개인의 내적·정신적 영역에 그치는 것이 아니라, 사회적 조건(외부적 상황)과도 밀접한 관계가 있다. 그러므로 타인으로부터 폭행당하거나 돈을 강탈당하지 않는 정도의 안전장치와 자원의 공정한 분배가 필요하다.

진정한 행복은 타인에게 행복을 선물하지 않고는 얻을 수 없다. - 니체

인생의 행복은 각자의 행복 추구에 의해 얻어지는 것이 아니라, 각자가 모든 사람의 행복을 갈망함으로써 얻어진다.　　　　　- 톨스토이

12. 도덕적 의무를 다하는 것은 행복을 포기하는 것인가?

스토아 철학자들과 칸트는 세상 어느 곳에서도 실제로 좋은 것은 인간의 선의(善意 good will)뿐이라고 하면서, 선의의 본질은 이성의 법칙에 따르고 자신의 의무를 다하는 것이라고 한다.

이 때문에 칸트는 "인간은 행복을 추구하거나 원해서는 안 된다. 인간은 행복을 누릴 자격이 있는 삶을 살기를 원해야 한다"고 했다.

칸트는 인간이 행복을 추구하는 것은 본능적 성향이므로 행복을 찾기보다 도덕적 의무를 먼저 수행하여야 한다고 주장했다. 그러나 인간이 이성이 명하는 바에 따라 순수하게 자신의 행동을 결정하는 경우는 없으며, 도덕적 행위도 사실은 명예와 장기적 이익을 도모하는 행동일 수 있다. 인간의 도덕적 행위에는 언제든 이기심과 욕망이 개입할 여지가 있기 때문에, 의무만을 강조하는 칸트의 견해는 현실적 한계가 있다.

행복을 포기하고 도덕적 의무를 이행해야 한다는 생각은 행복을 쾌락과 동일 선상에 놓고 이해함으로써 발생한 오류이다. 선하고 자비롭게 산다는 자부심, 옳은 일에 대한 신념을 지키는 과정에서 겪게 되는 불행 역시 더 큰 행복을 위한 과정일 수 있다는 점에서 행복과 도덕적 의무는 양립할 수 있다.

산을 오를 때 짐은 거추장스럽다. 그러나 도중에 갈증이 나거나 지쳤을 때 우리는 그 안에서 필요한 것을 꺼내 원기를 회복하여 지치지 않고 산을 오를 수 있다. 도덕은 거추장스러운 부담인 것 같지만, 인생살이에 있어서 등반가의 배낭과 같은 역할을 함으로써 인생을 행복하게 한다.

13. 나쁜 사람도 행복할 수 있는가?

나쁜 사람들은 타인에게 해를 입히는 것에 큰 양심적 가책을 느끼지 않기 때문에, 속임수와 폭력 등 비도덕적 수단을 사용하여 보다 신속하고 효율적으로 자신의 이익을 추구할 수 있다. 그 반면에 선량하고 정의를 앞세우는 사람들은 이용당하거나 억압받거나 배척당하는 경우가 많다. 돈이 모든 것을 대변하고 욕망을 부채질하는 자본주의 사회에서는 현실적으로 이기적이고 교활한 사람들이 물질을 더 많이 차지하고 쾌락과 욕망을 더 충족시킬 수 있다.

행복이 물질을 더 많이 차지하고 쾌락과 욕망을 충족시키는 것을 의미한다면, 이기적이고 나쁜 사람들이 행복할 가능성이 많다 그러나 쾌락이 주는 자극과 감동은 곧 지루해지고, 죄의식을 동반한 즐거움이 가져오는 기쁨은 짧다.

물질적 쾌락과 안정은 행복의 조건일 뿐 행복 그 자체를 의미하지는 않는다. 인간은 쾌락이 주는 일시적 기쁨에 만족하지 못하고, 지속적인 행복을 갈망한다.

쾌락이 아닌 진정한 행복을 추구한다면 착한 사람이 더 행복할 수 있는 것이며, 미덕을 갖추지 못한 악한 사람이 행복을 누릴 수는 없는 것이다.

악행으로 얻은 자극과 쾌락의 순간은 짧다. 악행에 의한 권력과 욕망의 추구는 죄의식을 동반하는 불안감으로 삶을 불행하게 만든다.

14. 물질적 조건과 행복
① - 가난은 범죄와 혁명의 양친이다

인간의 생존과 행복을 위해서는 어느 정도의 물질적 조건이 충족되어야 한다. 물질적 조건이 충족되지 않으면 삶이 불완전하고 사회 혼란과 동요가 일어나기 쉬우므로 모두가 불행하게 된다.

'가난은 혁명과 범죄의 양친이다'라는 말처럼, 물질적 조건이 충족되지 않으면 삶이 불안정하고 사회 혼란과 동요가 일어나, 빈곤 해방을 기치로 정치적 억압이 행해질 수 있다. 역사적 경험이 이를 뒷받침하고 있다. 독일은 제1차 세계대전 이후 1929년 대공황을 계기로 미국 자본의 투자가 중단되면서 심각한 위기에 직면하게 되었다. 독일인들은 이러한 혼란을 타개하기 위한 대안으로 나치당을 선택하게 되었고, 히틀러는 극단적인 국가주의에 입각한 전체주의적 독재 권력을 휘둘렀다.

일본 역시 대공황을 계기로 선진자본주의 열강이 경제 봉쇄를 시행하자 실업자가 대폭 증가하고, 경제위기로 인해 사회적 불안이 고조되면서 파업과 시위가 빈발하게 되자 강력한 군국주의로 무장하고 전시동원 체제로 국민을 전쟁터로 내몰았다.

■ 인간의 생존과 행복을 위해서는 어느 정도의 물질적 조건의 충족이 필수적이다. 물질적 기반 위에서 안정된 마음이 생겨나고, 의식이 족해야 예절을 안다.

15. 물질적 조건과 행복
② - 항산과 항심

『맹자』에서는 "백성들은 안정된 직업(항산 恒産)이 보장되지 못하면 안정된 마음(항심 恒心)도 없다. 안정된 마음이 없으면 종국에는 범죄를 저지르지 않을 수 없다. 그런데 죄를 저지르지 않을 수 없도록 만들어 놓고 범죄를 저질렀다고 처벌한다면, 이것은 백성들을 그물로 긁어서 투옥시키는 것이다"(〈양혜왕〉 상편)라고 하고 있다.

인민의 생계보장이 안 되는 정치, 안정된 직업을 제공하지 못하는 정치는 백성들을 범죄 구덩이로 몰아넣는 짓거리에 지나지 않는다는 것이다.

맹자가 말한 양민이란, 50세 이상은 비단옷을 입고 70세 이상은 고기를 먹을 수 있는 수준, 살아 있는 사람을 봉양하고 죽은 사람을 장사지내는 데 후회 없도록 하는 수준에 이르는 상태가 충족되는 것이다. 이는 최소한의 생계보장 정도가 아니라, 복지 차원까지 제공되는 것을 뜻한다.

안정된 수입이 있어야 안정된 마음이 있다.

생계가 안정되지 않으면 마음이 안정되지 않는다. 안정된 마음이 없으면 범죄가 잦아진다. 정치는 안정된 직업을 제공하고 생계를 보장하는 데 우선적 중점을 두어야 한다.

③ - 부자는 영혼을 팔지 않아도 된다

물질적 조건에 어려움이 없는 사람은 돈 때문에 영혼을 팔거나 부패할 필요가 없다는 점에서 본다면 부유해질수록 행복해질 가능성이 크다.

물질적 조건이 나아지면 민주적 정치질서, 사회복지, 문화발전을 도모할 수 있으므로 삶의 질이 향상되어 인간다운 삶, 윤택한 삶을 실현하기에 용이하다.

레스터 C. 소로우는 그의 저서 『부의 구축』에서 부富는 소비재를 구매할 수 있는 능력을 부여하는 데 그치지 않고, 사람들이 하고자 하는 일을 할 수 있는 능력을 제공해준다고 한다. 부유한 사람은 주위의 인적·물적 환경을 통제할 수 있고, 정치적 영향력을 얻을 수도 있으며, 부를 소유하지 않으면 영혼을 팔거나 부패할 수 있다고 한다. 그에 의하면 부유해질수록 행복해질 가능성이 많이 열려 있다.

부가 가져오는 불행에 대한 이야기인 '마이다스(Midas)의 손'(만지는 것마다 황금으로 변하여 딸도 황금이 되고 음식도 먹지 못해 불행해진 이야기) 이야기는 부유하지 못한 사람들이 자기 위안을 위해 꾸며낸 것이라고 한다.

17. 물질적 조건과 행복

④ - 행복은 재화의 양에 달려 있지 않다

행복은 재화의 양에 달려 있지 않으며 가진 것이 없더라도 아낌없이 나눌 수 있는 사회가 진정 풍요로운 사회이다.

장 보드리야르(프랑스 철학자, 1929~2007)는 가진 것이 없더라도 아낌없이 낭비할 수 있는 사회가 진정 풍부한 사회이며, 우리 사회는 많은 것을 소유함으로써 풍부함의 기호만 가질 뿐, 진정한 여유와 풍요는 가지지 못했다고 했다. 그는 빈곤은 재화의 양이 적은 데 있는 것이 아니라, 인간과 인간의 관계에 있는 것이므로 풍요한 사회에 대한 고정관념은 수정되어야 한다고 했다.

통계 수치는 국민소득 뒤에 가려진 숨어 있는 삶의 질(자연과의 관계, 공동체 의식, 정신적 가치 등)을 간과하고 있다. 국민소득이 낮으면서도 행복지수가 높은 나라의 사람들은 자연의 혜택을 최대한 누리면서 공동체, 가족, 다른 사람들과의 조화로운 관계를 도모한다. 그리고 절제와 협력, 나눔과 선행으로 자족적이고 소박한 삶을 살아간다.

이러한 사회에 사는 사람들은 가진 것이 없더라도 내면의 평화 속에 만족감을 느끼며 풍부하고 행복한 삶을 살아간다.

18. 부자는 행복한가?
① - 버나드 쇼의 견해

"모든 일을 용서받는 청년기는 아무것도 스스로 용서하지 않으며, 스스로 모든 일을 용서하는 노년기는 아무것도 용서받지 못한다." 등의 수많은 명언을 남긴 조지 버나드 쇼(George Bernard Shaw, 1856~1950)는 부자가 행복할 수 없는 이유에 대해 다음과 같이 표현하고 있다.

- 왕국의 모든 물건은 대중을 위하여 만들어진 것이지, 결코 백만장자를 위해 만들어진 것이 아니다.
- 공작새 머리 고기를 넣은 비싼 샌드위치를 먹는 백만장자는 햄이나 소고기를 넣은 보통 샌드위치의 맛을 느낄 수 없다.
- 부자는 가업을 물려받아야 할 책임이 있고, 재산을 관리하는 데 골머리를 앓아야 한다.
- 수입이 일정 수준을 넘어서면, 적은 돈으로 살 수 있는 물건은 싫증이 나고 혐오스럽기까지 하다.
- 백만장자는 (더 이상 바랄 것이 없기 때문에) 꿈을 꿀 수 없다.

공작새 머리 고기를 넣은 비싼 샌드위치를 먹던 부자는 햄이나 소고기를 넣은 보통 샌드위치의 맛을 느낄 수 없다. 지나친 부(富)는 좋다고 느끼는 것, 행복하다고 느끼는 것에 대한 감각의 폭을 좁게 만들어 행복을 방해한다.

19. 부자는 행복한가?

② - 부에 따라 불행 요소도 증가한다

부자는 부를 구축하는 과정에서 쌓은 과도한 소유욕으로 사물을 왜곡되게 바라보고 두려움과 의심으로 대인관계의 폭을 좁게 유지함으로써 불행하게 되는 경우가 많다.

부자는 수입이 많고 여유가 있어서 행복을 누릴 기회가 훨씬 많은데도, 실상은 그렇지 못한 경우가 많다. 부자는 물건을 선택하는 데도 제한을 받고, 선택한 물건에 대한 기쁨은 오래가지 못하며, 심지어 혐오스럽기까지 하다.

부자는 집의 크기와 겉치레에 신경을 써야 하고, 돈을 잃을지 모른다는 두려움과 재산을 유지, 증식해야 한다는 의무감으로 마음속의 쉴 공간을 없앤다. 부자는 자신이 선택한 길을 가는 경우보다 부모가 구축해놓은 가업을 이어야 하기 때문에, 타인에 의해 선택된 삶을 살아가야 하는 경우가 많다.

부를 구축하면서 쌓은 과도한 소유욕으로 어두워진 얄팍한 마음은 사물을 왜곡되게 바라보고 두려움과 의심을 낳아 대인관계의 폭을 좁힌다. 그래서 돈벌이에 도움되지 않는 사람과는 교제 자체를 회피하기도 한다. 이들은 남들과의 협력을 꺼리고 도움을 요청하는 것도 주저하게 되어, 좋은 경험을 얻을 기회를 놓치고 만다. 결국 돈이 그들을 지배하여 돈의 노예로 전락한다.

■ 가장 비싼 장난감을 손에 쥐고 죽는 사람이 게임의 승자가 되는 것은 아니다.

20. 부자는 행복한가?
③ - 헤티 그린의 사례

'월가의 마녀'로 불린 헤티 그린(Hetty Green)은 1834년 매사추세츠 주 뉴 베드퍼드의 포경업과 고래기름 사업으로 번창한 가문에서 태어났다.

아버지가 돌아가신 후 그녀는 600만 달러의 유산을 물려받았다. 그녀는 남북전쟁과 대공황 시기에 폭락한 미국 채권을 사들여 돈을 벌기 시작했고, 세계에서 가장 부유한 여성이 되었다.

그녀는 돈을 아끼기 위해 번듯한 사무실 하나 마련하지 않고, 아는 은행업자들의 사무실 한구석을 빌려 썼다. 게다가 주민세를 내지 않으려고 뉴욕과 뉴저지 주의 싸구려 호텔과 임대 아파트를 전전하며 살았다. 옷은 검은 드레스 한 벌뿐이었고, 날이 추워지면 옷 안에 신문지를 덧댔다. 아들의 다리가 부러졌을 때는 아들에게 누더기를 입히고 빈민을 가장하여, 무료 자선병원에서 치료받으려다가 거절당했다. 그러자 집에서 치료하다가, 결국 다리를 절단하는 지경에 이르기도 했다.

그녀가 남긴 1억 달러가 넘는 재산이 아들에게 상속되자 아들은 미친 듯이 돈을 낭비했다. 결국, 그린의 돈은 행복으로 바뀌지 않았다.

■ 그린의 이야기에서 알 수 있는 것은 돈이 해줄 것으로 보이는 일(삶을 즐겁게 누릴 수 있게 하는 것)이 사실은 돈 때문에 불가능해질 수도 있다는 것이다. 우리는 수단과 목적을 쉽게 혼동하고, 그 결과 실질적인 즐거움을 누리는 것을 망각할 수도 있다.

세계에서 가장 부유한 여성이었던 헤티 그린은 아들의 다리가 부러졌을 때 아들에게 누더기 옷을 입혀 빈민을 가장하여 무료 자선병원에서 치료를 받으려다가 거절당했다. 결국 아들은 다리를 절단하게 되었고 그녀의 돈은 행복으로 바뀌지 않았다.

21. 모든 것이 주어진 세계는 행복할까?

올더스 헉슬리의 소설 『멋진 신세계*Brave New World*』에 나오는 신세계에서는 무한한 물질적 풍요와 쾌락이 어떤 수고나 노력도 없이 주어진다. 또 질병, 전쟁, 굶주림, 헐벗음 등의 육체적 고통은 물론 고독, 불안, 절망 같은 정신적 고통도 존재하지 않는다. 누구나 자신의 적성에 맞는 일을 하고, 물질은 필요에 따라 원하는 만큼 공급받는다. 그리고 '만인은 만인의 공유물'이라는 구호 아래 누구와도 자유롭게 성생활을 즐길 수 있다.

자동 주입식 교육으로 공부는 물론 할 필요가 없으며, 사랑의 비극, 질투, 이별의 슬픔도, 사회 갈등도 없다. 과학과 의료 기술에 의해 싱싱한 젊음을 유지하다가 어느 날 갑자기 죽음을 맞이하게 된다. 따라서 노년에 대한 준비도 필요 없고, 쭈그러진 피부와 이가 빠져 움푹 들어간 볼, 굽은 몸통도 찾아볼 수 없다. 이곳에서는 행복이 인공적으로 주어지므로, 부족한 것도 없고 근심·걱정도 없다.

그러나 주인공 존은 신세계를 떠나고자 한다. 인간의 고유한 특성이 제거된 살균된 문명 세계, 정신적 깊이나 고결함이 없는 세상, 마음을 파고드는 언어가 없는 세상, 이러한 곳은 존에게 '구역질 나는 미친 세계'였다. 인간은 고통을 이겨낼 때 참다운 자기 성취가 있으며, 모든 것이 주어진 세계에서는 행복감도 없다.

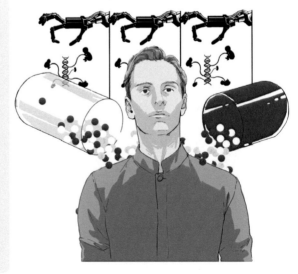

고통이 없고 모든 것이 인공적으로 주어진 세계, 인간의 고유한 특성이 제거된 살균된 문명 세계는 구역질 나는 미친 세계였다. 인간은 고통과 불행을 겪더라도 자신의 삶을 스스로 선택하고 실행하며 미래를 스스로 만들어 나갈 때 진정한 행복을 맛볼 수 있는 것이다.

배고픈 이리는 묶여 있는 개를 부러워하지 않는다. 자유는 인간에게 도덕성을 부여하며 인간을 인간답게 하는 최상의 가치이므로 아무리 물질적 풍요와 쾌락이 보장된다고 하여도 자유가 없는 행복은 있을 수 없다.

　배고픈 이리는 먹을 것을 걱정하지 않는 개를 부러워했으나 개의 몸에 있는 사슬 자국을 보고는 생각이 바뀌었다는 우화는 자유가 없는 강요된 행복이 진정한 행복이 아님을 보여준다. 이성과 자유가 없는 동물들과 전체주의 국가의 시민들은 평온할 수는 있겠지만, 인간의 고유한 특성이 제거되고 생명체의 본질에 역행하게 되는데, 이러한 안정 상태를 행복이라고 부를 수는 없을 것이다.

　인간의 비극은 완벽하고 안온해 보이는 개미굴의 행복과 자유에 대한 갈망 사이의 갈등에서 야기된다.

- 도스토옙스키

23. 국민소득과 행복

① - 바누아투

남태평양의 화산섬 바누아투 공화국은 1년 내내 기온이 온화하고 풍부한 식생을 자랑한다. 아스팔트로 포장된 도로가 없고 사람들 대부분이 농사와 어업에 종사한다. 바누아투 사람들이 행복한 것은 자연에 손을 적게 댄 것이 가장 중요한 이유라고 한다.

2006년 영국의 신경제재단(NEF)이 발표한 행복지수로 볼 때, 가장 행복한 나라는 남태평양의 화산섬 바누아투 공화국이었다.

이 나라는 아스팔트로 포장된 도로가 없고, 사람들의 직업은 대다수가 농부와 어부이다. 그리고 20만 명의 인구에 100개가 넘는 언어가 있어 의사소통도 잘되지 않으며, 평균 기대수명도 63세밖에 되지 않는다.

태양이 가득한 온화한 기후와 풍부한 식생, 다양한 종교, 수입은 적지만 확실한 일자리가 있는 이곳 사람들의 삶은 공동체, 가족, 다른 사람들에게 선행을 베푸는 일을 중심으로 돌아간다. 걱정거리라고는 회오리 폭풍, 지진이 전부이다.

행복지수 평가에서 바누아투가 상위권에 올라 있는 것은 자연에 손을 적게 댄 것이 가장 중요한 이유이다.

■ 행복지수가 높은 나라의 특성
  • 자연의 혜택을 풍부하게 누림(잘 보존된 자연환경)
  • 종교와 관용
  • 공동체 의식
  • 선행 중심의 생활
  • 정신적 풍요와 마음의 평화

② - 코스타리카

코스타리카는 군대를 철폐하고 국방 예산을 교육과 의료복지 등에 쓴다. 학교는 고등학교까지는 무상이고, 공립대학도 저렴하다. 의료복지 수준이 높고, 산모와 신생아, 미성년자는 국가로부터 무상 의료 서비스를 받는다. 의료비가 저렴하여 의료 관광객도 많이 온다.

'풍요로운 해변'이라는 뜻을 지닌 코스타리카는 국토의 25%가 국립공원과 보호구역으로 지정되어 있어 생태 관광의 낙원이다. 자연이 잘 보존되어 있어 숲이 울창하고 1년 내내 꽃이 피며, 식물 종수는 아프리카 대륙보다 많다. 나비와 새를 보는 프로그램은 인기가 높다. 〈쥐라기 공원〉의 주요 촬영 무대도 코스타리카였다. 화산재로 다져진 기름진 땅에는 향기로운 커피가 자라고 활화산과 온천도 많다.

사람들은 춤과 노래, 축구를 즐긴다. 자연환경이 좋고 재생 에너지 사용률도 높을 뿐 아니라 치안도 안전해, 미국인들에게 은퇴이민 선호 지역으로 꼽히고 있다.

코스타리카는 자연이 잘 보존되어 있고 1년 내내 꽃이 피며 화산과 온천이 발달하여 있다. 울창한 숲과 뛰어난 자연경관 때문에 쥐라기 공원의 주요 촬영지가 되기도 하였다. 미국 뉴욕타임스 칼럼에서는 잘 보존된 자연이 이 나라 사람들을 행복하게 만들었다고 하였다.

25. 국민소득과 행복
③ - 라다크

헬레나 노르베리 호지의 『오래된 미래』에 의하면, 삶의 질이라는 관점에서 볼 때 라다크 사람들은 우리가 보통 기대하는 것보다 더 잘산다. 라다크에서는 삶의 모든 영역에서 협력이 사회의 토대를 이룬다. 집안일을 나누어서 하고, 짐승 풀 먹이는 일을 돌아가면서 할 뿐만 아니라, 상호관계에서 협력의 원칙이 통한다. 아이들은 자기 또래집단으로부터 격리되는 일, 혹은 따돌림이나 편 가르기 따위가 없다. 또한 사람들은 언제나 온갖 나이에 속한 사람들에 둘러싸여서, 그들과 상호작용하면서 평생을 보낸다. 노인은 전 세대의 친구이고 결속을 이루게 해주는 중요한 사람이다. 라다크의 아이들은 자기들보다 나이가 많은 사람들이 제공할 수 있는 도움과 지원의 혜택을 받는다.

라다크 사람들의 공동체와 친밀한 협력관계, 자연(땅)과 긴밀한 관계는 고급 기술과는 비교도 할 수 없이 인간의 삶을 풍부하게 한다.

헬레나 노르베리 호지는 자연과 직접 접촉하면서 다른 사람들과의 상호작용 속에서 삶 자체를 구김 없이 받아들이고 마음의 평화와 삶의 기쁨을 누리는 것을 당연한 권리로 생각하는 오래된 것에서 인류의 이상향과 미래의 대안을 찾을 수 있다고 말한다.

라다크에서는 경쟁이 아니라 협력이 사회의 토대를 이루고 있다. 라다크 사람들은 한정된 자원을 주의 깊게 이용하고 땅과 긴밀히 어울려 살아간다. 삶 자체를 구김 없이 받아들이고 모든 계층이 어우러져 여유 있게 살아가는 공동체 문화 속에서 이들은 마음의 평화와 삶의 기쁨을 누리고 있다.

부탄은 경제발전이 아니라 국민의 행복에 국정 우선권을 두고 있다. 부탄 국민들은 대부분 가정에 불상을 모시고 있는 독실한 불교 신자이다. 부탄 국민들이 누리는 행복에 있어서는 종교가 매우 중요한 역할을 한다.

부탄은 국내총생산(GDP)이 아닌 국가총행복(GHN)에 국정 우선권을 둔다. 국왕이 도입한 GHN은 행복이 가장 중요한 목표라는 신념 아래 지속 가능한 개발, 문화진흥, 환경보전, 좋은 통치를 국정의 4대 핵심으로 삼는다. 부탄에서는 담배를 판매하지 않는다. 또 길거리에 교통 신호등도 없다. 인스턴트식품도 해가 된다고 맥도날드도 못 들어오게 했다. 국민소득은 낮지만, 교통비와 의료비에 대한 혜택 등은 세계 최고다. 부탄에서는 친척과 주변 이웃이 노인과 아이들을 돌봐 주기 때문에, 노인정이나 유치원이 필요 없다.

부탄에서는 관광 수입이 늘어나더라도 국민들이 행복해하지 않는다는 이유로 관광객을 제한했다. 부탄 국민들의 행복지수는 항상 최상위권을 유지하고 있다. 그것은 복지제도가 더 발달한 서유럽 여러 나라들보다 높다. 그 이유에 대하여 인류학자들은 종교가 중요한 역할을 한다고 생각한다. 부탄은 전 세계에서 유일하게 탄트라 불교를 공인하고 있는 나라로서, 국민들 대부분이 가정에 불상을 모시는 독실한 불교 신자다. 부탄 국민들은 스스로의 행복과 미래를 결정할 수 있는 힘이 자신들에게 있다고 믿는다. 부탄 국민의 높은 행복지수는 인간의 행복이 객관적·물질적 조건보다는 주관적 만족에 있음을 보여준다.

27. 사색, 철학은 인간을 행복하게 한다

먹고, 마시고, 즐기는 피상적 행복, 주어진 것들을 누리고 사는 수동적인 행복은 오래 지속될 수 없다.

　사색과 진리탐구에 몰두하는 사람들은 남들이 모르고 지나칠 수도 있는 문제를 일부러 찾아내 분석, 비판하기를 좋아한다. 그런데 세상은 위선과 부조리를 고발하는 사람들을 달갑게 여기지 않는다.

　소크라테스는 청년들을 미혹시키고 그리스의 신들을 부정한다는 이유로 사형당했고, 브루노는 모든 생명체에는 신성이 깃들어 있고 영혼은 환생한다고 주장하다가 이단으로 몰려 화형당했다.

　사색하며 진리를 추구하고 현실에 도전하는 자세보다는, 있는 그대로의 삶에 순응하고 만족하며 사는 것이 더 안전하고 행복하게 사는 길일 수도 있다.

　그러나 안일하고 피상적인 행복, 수동적인 행복은 오래 지속될 수 없다. 인간이 진정한 행복을 얻기 위해서는 철학적 사고를 통해 영혼을 건강하게 가꾸어야 하며, 고통·죽음에 대한 불안에서 벗어나야 한다. 이성적 사고와 고민, 사색을 통해 선악을 알고 지혜롭게 살아가면서 스스로 구축한 행복만이 운명의 장난으로부터 우리를 지켜줄 수 있다.

　철학은 인간을 행복하게 하는 영혼의 의학이다.　　　- 에피쿠로스

28. 적절한 망각은 행복의 필수조건이다

니체에 의하면, 행복해지기 위해서는 망각하는 능력이 있어야 한다고 한다. 행복하기 위해서는 털어버려야 할 과거도 없고 매달리고 싶은 순간도 없는 어린아이의 정신으로 살아야 하며, 과거를 망각하고 현재의 순간에 머물러 설 수 있어야 한다. 니체는 "과거에만 매달리는 것은 지금 살아있는 삶, 뛰는 심장과 흐르는 피를 가진 인간의 삶을 황폐하게 한다. 망각의 힘에 의해 인간은 인간이 된다"고 했다.

> 망각이란 하나의 힘, 건강의 한 형식을 나타낸다.
> 망각이라는 저지 장치가 파손되거나 기능을 멈춘 인간은 소화불량 환자와 같다.
>   - 니체

그러나 니체는 완전한 망각만을 주장한 것이 아니라, 지상의 삶을 사랑하기 위한 기억은 필요하다고 했다. 니체가 이야기한 망각은 불행한 기억을 초월하려는 힘, 어둡고 우울한 정서의 감옥에서 벗어나려는 치열한 투쟁을 의미한다. 인간은 과거의 경험에서 추억과 교훈을 얻고, 현실을 이해하며 미래를 준비한다. 인간이 과거를 완전히 망각한다면, 행복이 무엇인지도 알 수 없을 것이다.

과거의 불행한 기억, 어둡고 우울한 정서에 갇혀 있는 것은 인간의 삶을 황폐하게 한다. 인간은 과거의 경험에서 추억과 교훈을 얻되 과거에 살아서는 안 된다.

29. 지혜로운 사람이 더 행복하다

소크라테스는 인간이 죽을 때 영혼은 욕망의 속박에서 벗어나게 되고 지혜를 얻게 되므로 죽음은 기뻐해야 할 일이라고 하였다. 그는 현세에서 바람직한 삶을 살았다면 죽은 뒤 천국으로 갈 것이라는 생각을 하였고, 자신은 떳떳한 삶을 살았기에 죽음 직전에 오히려 흥분과 기대감을 가졌다.

에라스무스(Erasmus)의 『우신예찬In Praise of Folly』에 의하면, 사랑에 눈이 멀어 분별력을 잃었을 때는 상대방이 아름답게 보이고, 서로의 환심을 사려고 바보 같은 소리를 지껄이기 때문에 항상 즐거우며, 친구 사이에는 상대방에 대해 착각도 하고 환상을 품기도 해야 우정이 생긴다고 한다.

인간이 가진 비이성은 삶을 낙관적으로 바라보게 하여 위대한 일을 성취하게 하는 등, 행복에 유리하게 작용하는 면이 있는 것은 사실이다.

그러나 사고를 배제한 채 획득된 일시적 쾌락은 오래 지속될 수 없고, 진정한 만족을 줄 수 없다. 어리석은 자들의 행복은 고통과 불행을 덜 느끼는 쾌락이나 물질적 안정과 관계되는 것이 대부분이며, 이런 것에서 얻는 행복은 일시적이다. 인간이라면 삶의 위기를 인식하고 삶에 대한 반성, 계획, 숙고를 해야 한다. 나아가 올바르게 행동했다는 만족감을 지녀야 진정한 행복에 도달할 수 있다.

행복은 의식하는 자에게만 가능한 것이며, 사유와 지혜로써 구축한 행복만이 삶의 우연성으로부터 우리를 지켜줄 수 있다.

30. 욕망과 집착은 불행의 원천이다

불교에서는 욕망을 고통의 원천으로 보아, 욕망과 집착에서 벗어날 것을 가르친다. 기독교에서도 욕망, 특히 육체의 욕망은 영혼의 순수함에 대비되는 대가를 치러야 할 죄악으로서, 하나님과 이웃을 사랑하고 신에 귀의함으로써 행복을 얻을 수 있다고 한다.

쇼펜하우어도 인간의 욕망은 불행과 고통의 원천이라고 했다. 쇼펜하우어는 인간의 삶은 곤궁하지 않으면 권태롭다고 하면서, 인간이 곤궁과 권태를 오가며 고통을 겪는 까닭은 욕망에 시달리기 때문이라고 했다. 인간은 욕망에 매달리므로, 채워도 끊임없이 되살아나는 욕망의 순환성 때문에 고통에서 벗어날 수 없다는 것이다.

He who desire is always poor.
욕망하는 자는 늘 가난하다.

이처럼 고전적인 담론과 종교는 욕망의 절제와 고행을 강조하고, 이를 깨달음 또는 행복에 이르는 수단으로 인식해왔다.

바다에 빠졌을 때 그가 아끼는 것을 가지고 가려고 하다가는 더 빨리 죽게 된다.
욕망과 집착은 고통과 불행의 원천이다.

31. 고통은 더 큰 불행으로부터 인간을 구원한다

고통을 겪은 후에는 어려움을 더 잘 극복하게 되고, 위기관리와 위기대처 능력이 강해지게 된다. 고통은 인간을 한층 도약·성숙시키는 계기가 된다.

고통은 스트레스를 주고 피해의식에 젖게 하여 모든 일을 부정적으로 보게 하는 등, 사람에게 심각한 정신적 외상(trauma)을 준다. 그러나 외상 후 스트레스에 대한 연구 결과에 의하면, 사고를 겪은 사람들은 3개월 뒤부터 스트레스 반응이 가라앉기 시작하는데, 대부분의 사람은 고통을 잘 극복하고 그때 겪은 어려움을 유용하고 긍정적으로 보는 경향이 있다고 한다. 그리고 그 이후에는 더 많이 생각하고 집중하며 행복하게 살아가고 있다고 한다. 이러한 외상 후 성장에 대한 기록은 고통과 상처에 용수철 같은 복원력과 다시 일어서게 하는 힘이 있음을 보여준다.

■ 고통을 겪은 후 생기는 변화
- 타인을 좀 더 존중하고 이해하게 된다.
- 타인의 고통에 대하여 공감하고 좀 더 관용적으로 된다
- 위기 관리 및 대처 능력이 강해진다.

인간은 이성보다 고통의 말에 더 귀를 기울이게 된다. 고통은 학습 능력이 뛰어나다. 고통이 없다면 인간의 정신은 시들게 된다. 고통은 더 큰 불행으로부터 우리를 구원해주는 최고의 스승이며, 나를 한층 도약·성숙시키는 계기가 된다.

32. 지속적인 행복을 원한다면 절제하라
① - 에피쿠로스

　에피쿠로스 학파는 인간이 쾌락을 추구하는 본성을 타고났다는 것을 전제로, 쾌락을 추구하되 욕구의 조절을 통해 고통이 없고 마음의 근심이 없는 상태(아타락시아 ataraxia)로서의 행복을 추구한다. 에피쿠로스의 케포스 정원 입구에는 "낯선 자여, 이 문으로 들어오라…. 이곳은 그대의 욕망을 깨우는 곳이 아니라 잠재워주는 곳이니라"라고 쓰여 있었다고 한다.

　에피쿠로스에 의하면, 쾌락은 선이고 혐오감(불쾌감)은 악이다. 그러나 대부분의 쾌락은 오래 지속되지 못하므로, 쾌락은 지속적인 행복의 기초가 되기에는 부족하다. 에피쿠로스는 쾌락의 지속성을 확보하기 위해서 욕망의 억제를 강조했다. 에피쿠로스에 의하면, 지속적인 행복을 가져다주는 것은 소유가 아니라 절제를 통한 쾌락의 조절이며, 행복을 위해서는 균형 감각, 사회적 관계가 매우 중요하다고 한다.

풀로 엮은 잠자리에서 근심 없이 잠드는 것이 황금 침대에서 잠 못 이루는 것보다 낫다. 풍족해지고 싶거든 재산을 늘리지 말고 욕망을 줄여라
- 에피쿠로스

33. 지속적인 행복을 원한다면 절제하라
② - 극단적 쾌락은 인간을 불구로 만든다

최고의 쾌락을 경험한 마약 중독자들은 더 이상 호기심을 갖고 세상을 탐구하거나 새로운 경험을 찾지 않는다. 그들은 마약 투약 시의 짜릿한 경험만을 그리워하면서 점차 자극의 수위를 높여가다가 결국 폐인이 되고 만다.

전기합선이 일어나면 순간적으로 많은 열과 빛이 발생하지만, 곧 퓨즈가 나가버리는데, 마약 복용도 이와 비슷하다고 한다.

마약을 복용하는 것 같은 쾌락은 절정에 도달한 후 슬픔을 낳고, 인간을 불구로 만들기도 한다. 최고의 쾌락을 경험한 마약 중독자들은 더 이상 호기심을 갖고 세상을 탐구하려 하지 않고, 새로운 경험도 찾지 않는다. 최초의 짜릿한 경험만을 그리워하면서 이미 학습으로 적응된 신체에 점점 더 자극의 수위를 높여가다가, 결국 폐인이 되고 만다.

하루에도 몇 번씩 쾌락의 절정에 이른다면, 그 사람은 행복한 것이 아니라, 도대체 다른 일을 제대로 할 수가 없어진다. 그 때문에 불편을 겪게 되고, 오히려 욕구를 억제하기 위해 병원을 찾게 된다고 한다. 따라서 쾌락이 항상 행복을 가져오는 것은 아니다. 행복을 위해서는 절제를 통해 쾌락을 선택하고, 쾌락을 추구하되 이성과의 조화 속에 전체적인 삶의 균형을 잃지 않도록 해야 할 것이다.

34. 일은 인생을 행복하게 한다

　일은 인간의 욕구를 충족시키고 잠재력을 발휘하게 한다. 또 긍지와 성취감을 주어 인생의 가치와 보람을 느끼게 한다. 좋아하는 일은 삶의 기쁨을 증대시키며, 높은 차원의 만족감을 준다. 몰두할 일거리가 없다면, 인간의 정신은 정체되고 휴식조차 권태롭게 되며 삶의 의욕이 상실된다.

Your happiness is defined by what makes your spirit sing.
행복은 무엇이 당신의 영혼을 노래하게 하는가에 따라 결정된다.

　즐거운 천직은 자신이 잘할 수 있고, 자신의 능력을 발휘할 수 있는 일, 일이 곧 놀이가 됨으로써 돈을 받지 않고도 하고 싶다는 생각이 되는 일, 다른 사람의 사상과 감정을 움직일 수 있고 존경도 받을 수 있는 일, 생산적인 기쁨을 느끼며 보람도 찾을 수 있는 일이다. 이러한 일들은 인생을 행복하게 한다.

　철사와 구리를 가지고 노는 것을 좋아하던 알렉산더 칼더는 모빌 조각가가 되었다. 좋아하는 일은 삶의 기쁨을 증대시키고 높은 차원의 만족감을 주어 인생을 행복하게 한다.

35. 몰입은 차원 높은 행복으로 이끈다

몰입은 통나무가 서서히 타들어 가듯이 서서히 시작되어 지속적으로 열기를 내뿜으며 흐름을 타는데, 몰입상태에 빠진 사람은 완전히 몰두한다. 몰입에 뒤이어 오는 기쁨은 의식을 고양시키고 차원 높은 행복으로 이끈다.

- 칙센트미하이

　미국 심리학자 칙센트미하이(Csikszentmihalyi)는 『몰입의 즐거움Finding flow』에서 우리를 제약하는 환경 속에서도 개인이 주도적으로 자신의 삶을 선택함으로써 평범한 일상을 값지게 만들 수 있는데, 그것은 바로 자신과 일에 대한 몰입이라고 한다.

　몰입은 산만하게 흩어져 있던 의식이 한 곳에 집중되어 깊이 빠져드는 것을 말한다. 이는 관심과 동기, 주변 여건이 조화를 이룬 상태이다. 몰입은 고요하게 집중된 상태로 일의 흐름을 따라감으로써, 삶이 고조되는 순간에 물 흐르듯 행동이 자연스럽게 이루어지는 느낌, 자신을 잊고 흐름 속에 몸을 맡기는 상태(무아지경, trance)를 표현하는 말이다.

　칙센트미하이는 인생을 훌륭하게 가꾸어주는 것은 행복감이 아니라, 깊이 빠져드는 몰입이라면서, 몰입은 배움으로 이끄는 힘이며 재능을 능가하여 성숙한 지능으로 이끈다고 했다. 몰입을 경험하는 사람은 삶의 질이 올라가게 되고, 몰입에 뒤이어 오는 기쁨은 스스로의 힘으로 만든 것이어서 의식을 고양시키고 차원 높은 행복으로 이끈다는 것이다.

　인간 발달의 최고 단계는 어디서나 몰입이 가능한 상태이다.

- 켄 윌버(Ken Wilber)

36. 성공에 집착하지 말 것

성공은 행복의 한 요소에 불과하기 때문에, 성공을 위해 나머지 요소들을 모두 희생한다면, 지나치게 비싼 대가를 치르게 된다.

경쟁의 철학은 일뿐만 아니라 여가도 오염시킨다.
- 러셀,『행복의 정복』중에서

러셀에 의하면, 경쟁의 철학에 오염된 사람들에게는 조용히 즐기는 여가가 오히려 권태로운 것이 되고 만다. 또 성공을 위한 경쟁에 치우쳐 성공한 것을 가지고 무엇을 할 것인지를 배워두지 않았다면, 훨씬 나쁜 종류의 권태(도박, 마약 등)에 빠져 삶을 황폐화시키게 될 수도 있다.

따라서 적절한 휴식과 여유로 삶의 균형을 찾아 나가는 것, 성공도 행복을 위한 여러 가지 요소 중의 하나에 불과하다는 사실을 알고, 좀 더 생산적이고 보람 있는 일을 해나가는 것이 보다 행복에 근접하는 길이 될 것이다.

삶은 성공을 위한 경쟁이고, 승자만이 존중받는다는 경쟁의 철학은 감성과 지성을 쇠약하게 만들며, 의지만을 과도하게 발전시켜 에너지를 고갈시키게 된다.
- 러셀

인생은 특별한 이벤트로만 이루어져 있는 것이 아니며 평범한 일상이 삶의 대부분을 차지한다. 우리가 매일 같이하는 식사나 운동, 산책과 대화 등 사소한 일들이 사실은 가장 중요한 일들이며 지속적인 기쁨을 준다.

우리는 여행과 모험, 축제, 파티, 합격과 당첨 등 특별한 일에서 큰 기쁨과 만족을 얻는다. 그러나 인생은 이러한 이벤트로만 이루어져 있는 것이 아니며, 평범한 일상이 삶의 대부분을 차지한다. 우리를 지속적으로 행복하게 해주는 것은 특별한 일이 아니라, 사실은 적당하게 좋은 일들이다. 특별한 일들은 기대수준을 잔뜩 끌어올려 놓아, 그 후에 계속해서 정신적 부담으로 작용하기도 한다.

삶의 이벤트 같은 요소는 삶의 악센트가 되어주지만, 그것이 일상이 될 때는 곧 진부해질 것이다. 삶에서는 수많은 작은 행복이 하나의 큰 행복보다 낫다. 우리가 매일같이 하는 식사나 운동, 산책, 대화 등 사소한 모든 일들이 사실은 가장 중요한 일이며, 삶에 기쁨을 주는 일들이다.

잘 먹는 기술은 결코 하찮은 기술이 아니며, 그로 인한 기쁨은 작은 기쁨이 아니다.
- 몽테뉴

38. 행복의 핵심은 평범한 일상에 있다 ②

영화 〈모리와 함께한 화요일〉에서 죽음을 앞둔 모리 교수는 다시 건강해진다면 무엇을 할 것이냐는 질문에 대하여, "평범한 일상이 삶의 핵심이다"라고 말한다. 그러면서 "다시 건강을 되찾는다면 좋아하는 사람들과 이야기를 하고 산책하거나 춤을 추는 등, 좋아하는 일을 하며 평범한 하루의 행복을 맛보며 인생을 보내겠다"고 대답한다.

이렇듯 행복은 평범하고 진실한 일상에 있다. 들길을 거닐며 꽃을 보고 새소리를 듣는 일, 좋아하는 사람들과 대화를 나누며 마시는 차 한 잔의 향기에서도, 처음 보는 사람의 미소와 친절에서도 행복을 느낄 수 있다. 자기 주변에 얼마든지 널려 있고 굴러다니는 행복을 보고 느낄 수 있는 안목과 감각, 따뜻한 마음이 있다면, 인생은 크게 달라질 것이다.

아무 옷이나 걸쳐 입고 아무것도 아닌 사람이 되어 시골길을 걷는 것
은 얼마나 즐거운지 모른다. 인생의 행복이란 가장 평범한 것이다.
봄이 오는 들에 두 발로 서 있으면, 그것만으로도 행복한 것이다.
- 김원룡 수필『살아 있는 행복』중에서

만약, 내가 다시 건강해진다면, 내 소중한 사람들과 이야기를 하고, 산책을 즐기며 춤도 흠뻑히 출 걸세. 온통 좋은 기억으로 인생을 채워야지.

죽음을 앞둔 모리 교수는 다시 건강을 되찾는다면 좋아하는 사람들과 이야기를 하고 산책을 하거나 춤을 추는 등 좋아하는 일을 하며 인생을 보내겠다고 말한다. 평범한 일상이 삶의 핵심이다.

39. 행복은 감사의 문으로 들어온다

행복은 감사의 문으로 들어오고 불평의 문으로 나간다.

"감사하면 아름다우리라, 감사하면 행복하리라"는 이해인 수녀의 시처럼, 감사와 행복은 한 몸, 한 뿌리이다.

행복을 느낀다는 것은 사람의 의식과 감성의 수준, 정신적 성숙과 관련이 있으며, '의미'가 행복을 만들어낸다. 우리 주변은 모두 감사할 만한 것으로 둘러싸여 있다. 세상을 보는 눈을 바꾸어 경이로움과 감사하는 마음을 가지고 바라본다면 마음이 편안해지고, 평범하고 사소한 일들이 모두 행복으로 다가오게 될 것이다.

> 내 하루의 처음과 마지막 기도
> 한 해의 처음과 마지막 기도
> 그리고 내 한 생애의 처음과 마지막 기도는
> '감사합니다'라는 말이 되도록
> 감사를 하나의 숨결 같은 노래로 부르고 싶다
> - 이해인, 시 〈감사와 행복〉 중에서

행복은 감사의 문으로 들어오고, 불평의 문으로 나간다.　　　- 격언 긍정의 심리학(positive psychology)은 인간이 행복하기 위해서 충족해야 할 조건이 무엇인지를 연구하고 이에 관한 프로그램을 개발해서, 보다 행복해질 수 있는 훈련을 실시하는 것을 목표로 한다. 긍정의 심리학자들은 운명에 대한 수동적 믿음이 아니라 자신의 역량을 강조한다. 행복은 적극적으로 나서서 개발해야 하고, 행복을 얻기 위해서는 노력을 기울여야 한다고 주장한다.

긍정심리학자들이 주장하는 행복의 원칙은 다음과 같다.

- 활동성(사랑하고 일하는 것)
- 사회적인 삶(가족, 친구, 동료 등 사회적 울타리)
- 집중과 관심(아끼고 좋아하는 일을 찾아서 몰두하는 것)
- 좋은 생각
- 현실적인 기대(과도한 기대를 피할 것)
- 행복을 찾기 위해 허둥대지 말 것

긍정심리학자들은 행복은 적극적으로 나서서 개발해야 하고 그것을 얻기 위해 노력해야 한다고 한다.

41. 관심의 폭을 넓혀라

세상사에 대한 관심의 폭이 협소하면 우연한 사건이 우리 인생의 의미와 목적을 마음대로 주무를 수 있게 되므로, 행복한 삶을 위해서는 폭넓은 관심사를 기르는 것이 현명하다.

관심 분야, 좋아하는 것이 많을수록 즐겁고 행복해질 기회가 많아지고, 그만큼 불행의 여신에게 휘둘릴 기회가 적어진다.

- 러셀,『행복의 정복』중에서

여러 대상들에 대하여 관심을 가지는 태도는 사람들이 균형 감각을 유지할 수 있게 해주고 긴장을 이완시킨다. 또 한 가지 일이 꼬이더라도 어려움에서 쉽게 벗어날 수 있게 해준다.

세상사에 대한 관심의 폭이 넓을수록 균형 감각을 가질 수 있고 즐겁고 행복해질 기회도 많다.

42. 행복은 따뜻한 관심에서 비롯된다

굉장해!

근본적인 행복은 인간과 사물에 대한 따뜻한 관심에서 비롯된다. 지질학자가 바위에 대하여 가지는 관심과 같이 사물에 대한 따뜻한 관심은 행복한 일상을 만드는 데 중요한 역할을 한다.
　　　　　　　　　　　　　　　　　　　　　　　　　　　　　　　- 러셀

자신의 아름다움에 도취되어 샘가를 떠나지 못하고 있던 나르키소스는 굶주리다가 야위어 건강과 아름다움을 잃고 죽게 되었다. 자아도취에 빠져 자신에게만 지나치게 집착하면, 정신병자가 되거나 외골수가 되기 쉽다.

근본적인 행복은 인간과 사물에 대한 따뜻한 관심에서 비롯된다. 예컨대 지질학자가 바위에 대하여 가지는 관심과 고고학자가 옛 유적에 대하여 가지는 관심 등 사물에 대한 따뜻한 관심은 행복한 일상을 만드는 데 중요한 역할을 한다.
　　　　　　　　　　　　　　　　　　　　- 러셀,『행복의 정복』중에서

자신에 대한 집착으로 자기도취, 과대망상에 빠지거나 지배나 소유를 통해 만족을 얻으려는 사람은 기대를 저버리는 타인으로 인해 불행에 빠지기 쉽다. 따뜻한 관심, 있는 그대로를 존중하고 관심 대상에서 흥미와 기쁨을 느끼는 데서 우리는 만족을 얻고 행복감을 느낄 수 있다.

43. 여론은 적당히 존중하라

다른 사람들이 받아들일 수 없는 생활방식이나 세계관을 가지고 있는 사람은 고립되어 고통을 맞게 되고 적대적인 환경에 놓이기 쉽다.

갈릴레이와 케플러는 그 시대로서는 불온사상(지동설, heliocentric theory)을 가지고 있었다. 그들은 뛰어난 통찰력 때문에 사회적 적의에 직면하여 두려움에 떨었다. 우리가 알고 있는 천재들은 역경을 극복하고 승리한 사람들이다. 그러나 어린 시절에 재능의 싹이 짓밟히고 고독과 불행 속에 죽어간 천재들이 적지 않았다.

여론은 굶어 죽지 않고 감옥에 가지 않을 정도로만 존중하면 된다. 남의 의견을 지나치게 존중하여 여론에만 따르는 행동은 여론의 횡포에 자발적으로 굴복하는 것이고 행복을 가로막게 된다.

- 러셀,『행복의 정복』중에서

여론은 굶어 죽지 않고 감옥에 가지 않을 정도로만 존중하면 된다. 남의 의견을 지나치게 존중하여 여론에만 따르는 것은 행복을 가로막게 된다.

44. 친화성, 사교성을 위하여
신념과 재능을 포기하지 말 것

툭하면 자기 머리에 물을 끼얹는 베토벤은 가까이하고 싶지 않은 이웃이었다. 그러나 베토벤이 현대의 인지행동치료를 받고 사회성을 향상시켰더라면 그의 삶이 좀 편안했을 수는 있으나 오늘날 우리가 듣고 있는 위대한 음악의 선물은 기대할 수 없었을 것이다.

인류에게 좋은 삶의 비전을 제시한 위대한 사상가나 선각자들은 세상에 불평불만이 가득하고 인간관계 능력이 떨어지는 사람들이 많았다.

슈만, 푸치니, 차이콥스키는 우울증 환자였고, 모차르트도 광기 있는 충동적인 인물이었다. 툭하면 자기 머리에 물을 끼얹는 베토벤도 가까이하고 싶지 않은 이웃이었다. 이들이 만약 현대의 인지행동 치료(cognitive behavior therapy)를 받았다면, 그들의 삶은 좀 편안했을 수 있다. 그러나 오늘날 우리가 듣고 있는 위대한 음악의 선물은 기대할 수 없었을 것이다.

약점만을 고치고자 하는 사람은 보통사람이 될 수 있으나, 강점을 발전시키면 뛰어난 사람이 된다. 이것은 친화성이 행복으로 가는 중요한 열쇠이기는 하나, 신념과 재능을 포기하고 사회성(사교성)을 기르는 데만 몰두하는 것은 더 중요한 것을 잃게 될 수도 있다는 사실을 일깨워준다.

따라서 사회성이 떨어지는 사람들은 인간관계의 폭보다는, 사회적 인간관계의 질(뜻이 통하는 사람들끼리의 친밀감, 우애, 취미·사상의 교류 등)을 통해 행복한 생활을 할 수 있다.

45. 비교는 행복을 방해한다

행복해 보이는 다른 사람들의 생활 이면에는 성공을 위해 그가 포기해야 했던 많은 것으로 인해 불행도 함께 있다는 것을 알아야 한다. 성공한 사람들의 성취 결과만을 가지고 나의 행복과 비교하는 것은 어리석은 일이다.

월급이 100만 원 인상되었을 때의 행복은 다른 사람의 월급이 200만 원 인상되었다는 소식을 듣는 순간 끝장나고, 흠잡을 데 없는 남성은 단지 여자친구의 친구 남편이 그의 상사라는 이유로 여자친구로부터 외면당한다.

행복해 보이는 다른 사람들의 생활 이면에는 성공을 위해 그가 포기해야 했던 많은 행복의 요소들이 있다. 성공한 사람들의 성취 결과만을 가지고 나의 행복과 비교하는 것은 어리석은 일이다. 매사를 비교하는 습관은 자신을 초라하게 만든다.

인간은 단지 행복해지기를 원하는 것이 아니라, 남들보다 더 행복해지기를 바란다. 그런데 우리는 남들이 더 행복하다고 생각하기 때문에 행복해지기 어려운 것이다.   - 세네카

■ 2016년 UN행복보고서에 나타난 행복지수 1위 국가 덴마크의 특성은 사람들의 자기만족도가 높은데, 그 이유는 남과 비교를 하지 않고 자기 안에서 만족을 찾기 때문이다. 덴마크 사람들은 직업을 찾을 때 수입보다는 자신이 열정을 가지고 할 수 있는 일을 찾고, 누가 얼마를 벌고 누가 무엇을 하는지에 대해 신경 쓰지 않고 산다. 또 무엇을 할 때도 이기기 위해서가 아니라 참여를 위해 하는 경향이 높다.

46. 질투는 불행을 부른다

질투는 자신이 갖지 못한 것을 가진 사람에 대하여 느끼는 불편한 감정이다.

The envious man grows lean when his neighbor waxes fat.
질투심이 많은 사람은 이웃이 살찔 때 마르게 된다.

질투는 자신이 가지고 있는 것에서 즐거움을 찾지 못하고 타인이 가지고 있는 것, 타인의 장점에서 괴로움을 얻게 되는 것으로서, 사람이 자신의 능력을 유용하게 사용하는 것에 치명타를 가하게 된다. 질투는 타인에게 불행을 안기고 자신까지 불행하게 한다.

또 질투가 많은 사람은 만족감을 느낄 수 없게 되므로 불행할 수밖에 없다. 현명한 사람들은 누군가 가지고 있는 어떤 것 때문에 자신의 즐거움을 망치지 않는다.

"이웃집 잔디는 더 푸르고 옆집 정원의 장미는 더 예쁘다." 이런 비교는 아무런 의미도 없는 어리석은 일이며 이웃집의 푸른 잔디는 우리의 얼굴만 시기심으로 푸르게 물들일 뿐이다.

47. 행복의 블루오션 - 다르게 욕망하라

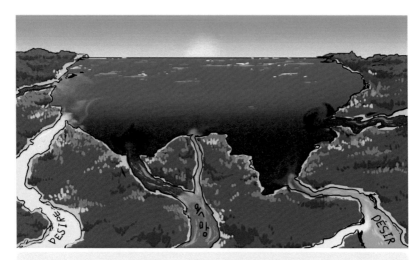

자신의 개성을 발휘하여 자기답게 사는 것, 자신의 만족과 행복을 얻는 것이 진정한 행복이다. 우리는 각자가 스스로 좋아하는 일을 통하여 다르게 욕망을 추구함으로써 모두 행복의 바다에 이를 수 있다.

우리는 자본주의 메커니즘 속에서 왜곡된 욕망, 허위 욕망에 사로잡혀 인생의 주인이 되지 못한다. 숫자로 매길 수 없는 행복의 수치를 억지로 계량화하여, 그 기준에 이르지 못함을 한탄하면서 스스로를 불행하다고 여긴다. 모두가 같은 것을 욕망하면 그만큼 경쟁이 치열해지고, 스트레스로 인해 불행에 빠지기 쉽다. 따라서 이러한 욕망 구조를 청산하고 욕망 체계를 재정립하는 것이 필요하다.

자신의 개성을 발휘하여 자기답게 사는 것, 자신의 만족과 행복을 얻는 것이 진정한 행복이다. 다르게 욕망함으로써 우리는 경쟁 없는 행복의 블루오션을 찾을 수 있다.

나는 이른 아침 종달새 소리를 좋아하며(…)
봄 시냇물 흐르는 소리를 즐긴다.
가을에 부는 바람 소리를 좋아하며 파도 소리를 들으면 아직도 가슴이 뛴다.
나는 골목을 지나갈 때 발을 멈추고 서 있게 하는 피아노 소리를 좋아한다.
친구와 향기로운 차 마시기를 좋아한다.

- 피천득 수필 〈나의 사랑하는 생활〉

48. 진정한 행복은
미덕의 실천을 통하여 얻을 수 있다

맹자는 "항산(恒産, 행복의 물질적 조건)이 없으면 항심(恒心, 행복의 정신적 조건)이 없으나, 선비는 항산이 없어도 항심을 갖출 수 있다"고 했다. 덕성을 갖추고 동요되지 않는 자세를 갖춘 선비는 물질적 조건이 충족되지 않아도 행복에 이를 수 있다는 것이다.

아리스토텔레스는 미덕과 행복이 일치함을 강조했고, 미덕을 실천하고 바람직한 삶을 영위함으로써 행복에 이를 수 있다고 했다.

행복은 단순한 쾌락이 아니며, 도덕과 양립할 수 있다. 선하고 자비롭게 산다는 자부심, 옳은 일을 위해서 겪게 되는 고통과 불행 역시 더 큰 행복을 위한 과정일 수 있다. 인간은 순간적인 쾌락이 주는 착각에 만족하지 못하며 지속적인 행복을 꿈꾼다. 따라서 진정한 행복은 미덕의 실천과 필연적인 관련이 있다고 할 수 있다.

행복이란 덕을 행함으로써 주어지는 최상의 보상이다.　　- 성 토마스

나 스스로의 부와 영광이 아니라 선(善)을 위해 노력했다는 것을 깨닫는다면, 나의 영혼은 만족할 것이다.　　　　　　　- 데카르트

인간은 순간적인 쾌락이 주는 착각에 만족하지 못하며 지속적인 행복을 꿈꾼다. 선하고 자비롭게 산다는 자부심, 옳은 일을 하는 데서 오는 보람은 더 큰 행복을 가져온다. 진정한 행복은 미덕의 실천을 통하여 얻을 수 있는 것이다.

49. 국가는 행복을 실현하기에 적합한
기본환경을 제공해 주어야 한다

나의 진정한 행복을 위해서는 남의 행복도 보장되어야 하며 이웃이 병들고 굶어 죽어가는 상황에서 나만 행복할 수 없는 것이다. 국가는 개인의 기본권을 보장하고 전쟁과 테러 위협으로부터의 안전, 복지정책을 통하여 행복을 실현하기에 적합한 기본환경을 제공해 주어야 한다.

행복은 기본적으로 사적인 문제이다. 그러나 인간의 삶은 자신의 의지와 상관없이 외부의 수많은 요소들에 의해 제약과 영향을 받으며, 정치적 조건은 개인의 행복에 지대한 영향을 미친다.

칸트는 "국가는 행복이 무엇이라고 합법적으로 규정할 어떠한 근거도 갖지 못하지만, 개인이 행복을 실현하기에 적합한 기본환경을 제공해주어야 할 의무가 있다"고 했다.

나의 진정한 행복을 위해서는 남의 행복도 보장되어야 하며, 이웃이 병들고 굶어 죽어 나가는 상황에서 나만 행복할 수는 없는 것이다. 따라서 개인의 취향, 개성, 가치관에 따라 각기 다른 개인적 행복을 추구하되, 자신의 쾌락을 위해 공동체에 해악을 가하는 극단적 이기주의를 지양하고, 모든 사람이 행복할 수 있는 사회 환경을 조성해 나가야 할 것이다.

■ 국가는 기본권 보장, 전쟁과 테러 위협으로부터의 안전, 교육, 보육 같은 복지정책 등을 통해 행복을 실현하기에 적합한 기본환경을 제공해 주어야 한다.

50. 행복경제학
① - 소득과 행복은 비례하지 않는다

행복경제학은 돈이 행복을 완성시키는 데 어느 정도 기여하는지, 소득과 소유가 한 사회의 행복과 성공을 측정하는 척도가 될 수 있는지를 연구 대상으로 삼고 있다. 학자들의 설문조사 결과 미국의 실질소득과 생활수준은 1950년대에 비하여 약 2배 정도 상승했다. 하지만 피조사자가 스스로 행복하다는 정도는 지체 상태로 반세기 동안 일정한 수준을 유지했다. 더 상세한 조사에 따르면, 연간 소득이 2만 달러를 넘어서면서부터 체감 행복은 소득에 비례하여 증가하지 않았다고 한다.

소득이 증가해도 체감 행복이 늘어나지 않는 이유는 다음과 같다.

- 소득 증가로 사물을 구매하면 그때만 행복할 뿐 쉽게 익숙해져서, 새로운 욕구와 불만이 그 자리를 채운다.
- 소득이 증가하면 돈의 가치를 과대평가하여, 더 많이 벌지 못해 안달하고 돈 관리에 신경을 쓰기 때문에 더 여유가 없어지고, 협력과 배려에서 느끼는 행복이 줄어든다.
- 부유하다고 느끼는 기준은 주변 사람들과의 비교에서 오는 것이기 때문에 만족을 느끼기 어렵다.
- 행복은 삶에 대한 긍정적 시각을 가지고 있는가에 의해 좌우된다.
- 행복은 종교와 문화의 영향을 받는다.

세계에서 가장 가난한 나라 중의 하나인 방글라데시는 행복지수가 높은 나라에 속한다. 방글라데시 사람들은 큰 것을 바라지 않고 현실에 만족하며 작은 것에 기뻐하며 살아간다. 또 가족과 친구, 이웃 간에 오가는 끈끈한 정 속에서 안정감을 느끼며 살아간다.

51. 행복경제학
② - 인간관계, 자부심, 건강, 자유

가족, 친구, 건강, 먹을거리,
스포츠, 스스로 유익한 일을
한다는 자부심 등은 행복에
있어서 중요한 요소가 된다.

  행복경제학자들은 우리의 예상과는 달리 다른 사람들과의 관계, 가족·파트너·자식 그리고 친구들과의 관계, 먹을거리와 스포츠가 행복에 있어 중요한 요소라고 한다. 그리고 스스로 유익한 일을 한다는 자부심, 건강과 자유도 중요한 비중을 차지한다.

  부유한 서방 세계의 인간들은 돈의 가치를 과대평가하고 있기 때문에 잘못된 결정에 이를 수 있는 위험이 있고, 높은 소득을 위하여 자유와 자기결정권을 포기하는 일이 빈번하다. 물질적인 욕망의 추구는 만성적인 불만족, 상실에 대한 두려움을 초래하므로 행복할 수가 없다는 것이다.

  ■ 행복경제학은 우리의 인간성뿐 아니라 사회 전체의 시스템이 물질적 기반 위에 세워져 있기 때문에 발생하는 문제점을 지적하고 있는데, 행복경제학자들은 국민의 만족도와 국가의 성공을 평가하는 데 있어 국민총생산 개념 대신에 국가 만족도 지수를 별도로 개발할 필요가 있음을 역설한다.

③ - 경제성장과 행복

경제성장의 목적이 반드시 사람들의 행복이나 삶의 질을 높이는 데 있는 것은 아니기 때문에, 상품과 생산량의 공급량을 늘리고 소비가 증가된다고 하여, 더 행복해지고 삶의 질이 나아졌다고 볼 수는 없다.

GDP 성장으로 행복이나 삶의 질이 개선되었다고 단정할 수 없는 이유는 다음과 같다.

- GDP 성장은 성장의 혜택이 어떻게 분배되는지에 대하여는 알려주지 않기 때문에, 빈익빈 부익부 현상이 심화된 경우에는 전체 행복이나 삶의 질이 개선되었다고 할 수 없다.
- GDP 성장은 삶의 질에 대해서는 알려주지 않는다. 예컨대 담배나 알코올의 생산과 소비 증가로 삶의 질이 개선되었다고 할 수는 없는 것이다.
- GDP가 성장하기 위해서는 그에 상응하는 대가를 치러야 한다. 성장과 함께 대기오염, 수질오염, 교통체증도 늘고 노동시간도 늘어나고 맞벌이를 해야 하고 여가시간은 줄어든다면, 삶의 질이 개선되었다고 볼 수 없다.

경제성장과 함께 대기오염, 수질오염, 교통체증, 스트레스도 늘어나 삶의 질이 악화된 면도 있다. GDP 성장은 성장의 혜택이 어떻게 분배되는지, 삶의 질이 나아졌는지는 알려주지 않기 때문에 GDP가 성장하였다고 해서 행복도 증가하였다고 보기는 어렵다.

53. 인생은 그렇게 불행하지도 행복하지도 않다

인간은 고통에도 쾌락에도 쉽게 적응한다. 나쁜 일이 생기든 좋은 일이 생기든 인간은 새로운 상황에 빠르게 적응하고 삶은 계속된다. 따라서 인생은 그렇게 불행하지도 행복하지도 않다.

인간은 고통에 쉽게 적응한다. 심각한 사고로 하반신이 마비되어 휠체어를 타게 된다면, 일상적으로 즐기던 대부분의 활동을 포기해야 하고, 많은 즐거움을 상실하게 된다. 손을 다치면 연주를 할 수 없게 되고, 시력을 상실하면 글을 쓰기 어렵게 된다. 그러나 곧 장애에 적응하게 되고 새로운 삶의 방식에 익숙해진다.

연인과의 이별, 이혼을 겪은 후에도 마찬가지다. 사람들은 새로운 인생이 생각했던 것만큼 나쁘지 않으며, 그 속에서 생각지도 못했던 다른 가능성과 즐거움이 있다는 것을 발견하게 된다. 또 고통을 겪은 만큼 고통에 대한 내성이 높아져서, 불행을 체감하는 정도가 낮아지게 된다.

인간은 쾌락에도 쉽게 적응한다. 새로 산 집에서 사는 기쁨은 익숙함의 뒤편으로 사라지고, 어느덧 새 집에 어울리지 않는 가구로 불만을 갖게 된다. 월급이 인상되었을 때의 행복감도 오래가지 않는다. 새로운 것에 적응한 다음 느끼는 행복감의 정도는 결국 예전과 비슷한 수준으로 되돌아간다.

나쁜 일이 생기든 좋은 일이 생기든, 인간은 새로운 상황에 빠르게 적응하고 삶은 계속된다. 따라서 인생은 그렇게 불행하지도 행복하지도 않은 것이다.

사람들은 기쁜 일이 일어나면 삶이 아주 오랫동안 행복할 것이고, 나쁜 일이 일어나면 오랫동안 불행할 것이라고 생각하지만, 실상은 그렇지 않다. 인간은 놀라운 적응력을 가지고 있으며, 쾌락에도 고통에도 쉽게 적응하기 때문이다.

그렇다면 쾌락과 고통에 대한 적응 기간을 짧게 함으로써 행복을 극대화할 수 있다. 좋은 상황을 최대한 연장시키고 나쁜 상황에서 최대한 빨리 벗어날 수 있는 행복 극대화 전략은 다음과 같다.

- 고통은 한 번에 겪어라.
- 즐거운 일은 나누어서 하라
- 소비는 낮은 가격대에서 시작하라. 예컨대 와인을 즐길 때 싼 와인부터 시작하면, 다양함을 풍부하게 느낄 수 있는 입맛을 유지할 수 있고, 계속해서 적은 비용으로 큰 만족을 얻을 수 있다.
- 일시적 경험을 구매하라. 일시적 경험을 제공하는 상품과 서비스, 예컨대 해외여행 등은 오랫동안 기억에 남아 나 자신의 일부가 되어 행복감을 준다.
- 예측 불가능한 일을 인생에 가미하라. 모든 것이 안정적이고 예측 가능하다면, 쉽게 적응하고 쉽게 따분해진다. 새로운 인생이 없는 인생, 리스크 없는 인생은 재미가 덜하다.

우리는 쾌락과 고통에 대한 적응 기간을 짧게 함으로써 행복을 극대화할 수 있다. 즉 좋은 상황을 최대한 연장시키고 나쁜 상황은 한꺼번에 겪는 것이 좋다.

55. 행복에 관한 명언

The bird of paradise alights only upon the hand that does not grasp.

낙원의 파랑새는 자신을 잡으려 하지 않는 사람의 손 위에 날아와 앉는다.

Happiness is always all around us.

행복은 우리 주변에 널려 있다.

Your happiness is defined by what makes your spirit sing.

행복은 무엇이 당신의 영혼을 노래하게 하는가에 따라 결정된다.

Life's greatest happiness is to be convinced we are loved.

인생에 있어서 최고의 행복은 사랑받고 있음을 확신하는 것이다.

– 빅토르 위고

One of the keys to happiness is a bad memory.

행복의 열쇠 중 하나는 나쁜 기억력이다.

No man is happy who does not think himself so.

스스로 행복하다고 생각하지 않는 사람은 행복하지 않다.

– 마르쿠스 아우렐리우스

All of us want to live on top of a mountain but happiness is when we are climbing up that mountain.

우리 모두는 다 산 꼭대기에 살고 싶어 하지만, 행복은 그 산을 올라갈 때이다.

When you relinquish the desire to control our future, you can have more happiness.

미래를 좌지우지하겠다는 욕망을 버리면, 더 행복해질 수 있다.

과거에 집착하거나 미래에 대해 지나친 기대를 하는 것은 지금 이 순간에 집중하는 것을 방해한다. 작은 일에 기뻐하고 조금씩 나아지는 것에 만족하면 행복하다.

Happiness is that state of consciousness which from the achievement of one's values.

행복은 자신의 가치를 이루는 데서 얻는 마음의 상태다.

Happiness is the meaning of life, the whole aim and end of human existence.

행복은 삶의 의미, 인간 존재의 총체적 목표이자 끝이다. – 아리스토텔레스

Happiness lies in the joy of achievement and the thrill of creative effort.

행복은 성취의 기쁨과 창조적 노력이 주는 쾌감에 있다.

인간의 참다운 행복은 먹고 사는 것의 문제가 아니라 더 나은 세계를 추구하는 데 있다.

The art of dining well is no slight art, the pleasure not a slight pleasure.

잘 먹는 기술은 결코 하찮은 기술이 아니며, 그로 인한 기쁨은 작은 기쁨이 아니다.
　　　　　　　　　　　　　　　　　　　　　　　　　　　　　　　- 몽테뉴

대부분의 행복은 특별한 이벤트가 아니라, 평범한 일상에 있다. 행복하기 위해서는 평범한 일상을 즐겁게 보내는 것이 중요하다.

Happiness makes up in height for what it lack in length.

모자라는 부분을 채워가는 것이 행복이다.

Most people are about as happy as they make up their minds to be.

대부분의 사람들은 그들이 마음먹은 만큼 행복하다.

행복은 사람들이 자신의 삶을 주관적으로 어떻게 평가하고 무엇이 자신에게 중요하다고 생각하는가의 문제이다.

Joy is not in thing; it is in us

기쁨은 사물 안에 있지 않다. 그것은 우리 안에 있다.

Write injuries in dust, benefits in marble.

받은 상처는 모래에 기록하고, 받은 은혜는 대리석에 새겨라.

When one door of happiness closes, another opens.

행복은 문 하나가 닫히면, 다른 문이 열린다. - 헬렌 켈러

Waste no fresh tears over old griefs.

지나간 슬픔에 새로운 눈물을 낭비하지 말라.

과거에 매달리는 것은 현재의 순간에 집중하는 것을 방해한다.

Man is the artificer of his own happiness.

인간은 자신의 행복의 창조자다.

Short is the joy that guilty pleasure brings.

죄의식을 동반한 즐거움이 가져오는 기쁨은 짧다.

인간은 순간적 쾌락이 가져오는 기쁨에 만족하지 못하며 지속적 행복을 꿈꾼
다. 따라서 나쁜 사람이 행복하기는 어렵다.

Wish not so much to live long as to live well.

오래 살기를 바라기보다, 잘살기를 바라라.

He who would travel happily must travel light.

행복하게 여행하려면, 가볍게 여행해야 한다.

Money can't buy happiness, but neither can poverty.

행복은 돈으로 살 수 없지만, 가난으로도 살 수 없다.

Kites rise highest against the wind.

연은 역풍에 가장 높이 난다.

Your own life also becomes better when you help others with your heart.

다른 사람을 성심껏 도울 때 당신의 삶 또한 나아지게 된다.

As good as it gets.
이보다 더 좋을 수 없다.

Unfortunate situations of mine are rather fortunes from heaven in order to support me in maturing.
불행한 환경은 나를 성장시키기 위해 하늘이 내려준 복이다.

To be happy for a week, marry.
To be happy for a month, buy a horse.
To be happy for a whole life, be honest.
일주일간 행복하려면 결혼을 해라.
한 달간 행복하려면 말을 사라.
평생을 행복하려면 정직하라.

- 영국 속담

There are many ways happiness comes.
It has many faces too.
행복이 오는 길은 여러 갈래다. 표정 또한 다양하다.

Pick up happiness dropped down to your feet in order to be empowered to live your life.
세상살이에 힘을 내고 싶다면, 발밑에 떨어진 행복부터 주워 담아라.

Happiness is all with in yourself in your way of thinking. Find out what works for you!
행복은 모두 다 당신이 생각하는 방법 속에 들어있다. 자신에게 맞는 것을 찾아라!

The happy one prays for others, while the unhappy one prays for himself.

행복한 사람은 남을 위해 기도하고, 불행한 사람은 자신을 위해 기도한다.

One who regards work as worthwhile is happy.

일을 보람으로 아는 사람은 행복하다.

One who is generous to others and strict to himself is happy.

자신에게 엄격하고 남에게 부드러운 사람은 행복하다.

Happiness is when what you think what you say, and what you do are in harmony

당신이 생각하는 것, 말하는 것, 하고 있는 것이 다 함께 조화로울 때, 그것이 바로 행복이다. – 간디

If you can concentrate always on the present, you will be happy man.

언제나 현재에 집중할 수 있다면, 행복할 것이다.

과거에 매달리거나 미래에 지나치게 기대하는 것은 현재에 집중하는 것을 방해하여 삶의 생동감을 해치게 된다.

Happiness is a way of travel-not a destination.

행복은 여행이지, 목적지가 아니다.

행복은 한 번 갔다가 떠나는 목적지가 아니라, 인간이 계속 추구해야 할 목표다.

You can buy a house. But not a home.

집을 살 순 있지만, 가정을 살 순 없다.

You can buy medicine. But not health.

약은 살 수 있어도, 건강은 살 수 없다.

Happiness depends on how we look at things.

행복은 우리가 사물을 어떻게 보느냐에 달려 있다.

행복은 사물 안에 있지 않다. 그것은 우리 안에 있다.

Practice smiling brightly!

잘 웃는 것을 연습하라!

Watch your character, for it becomes your destiny.

당신의 성격을 조심하십시오. 성격이 운명이 됩니다.

True happiness can be achieved through the practice
of virtue.

진정한 행복은 미덕의 실천을 통하여 얻을 수 있다.

인간은 순간적인 쾌락이 주는 착각에 만족하지 못하며, 지속적인 행복을 꿈꾼
다. 따라서 진정한 행복은 미덕의 실천과 필연적 관련이 있다.

Happiness is not the reward of virtue but virtue itself.

행복은 미덕의 보상이 아니라, 미덕 그 자체이다.

Avarice and happiness never saw each other.

탐욕과 행복은 서로를 본 적이 없다.

The happiness of life is not the pursuit of own happiness but is obtained by every person aspiring to the happiness of all people.

인생의 행복은 각자의 행복 추구에 의해서 얻어지는 것이 아니라, 각자가 모든 사람의 행복을 갈망함으로써 획득된다. - 톨스토이

The art of being happy lies in the power of extracting happiness from common things.

행복해지는 기술은 평범한 것들로부터 행복을 뽑아내는 힘에 있다.

A simple pattern is the pattern of the most perfect life.

단순한 무늬가 가장 완전한 삶의 무늬다. - 서머셋 모옴

태어나서 일하고, 결혼하고, 아이를 낳고, 죽음을 맞는 그 단순한 무늬가 가장 완전한 삶의 무늬다.

The narrower the width of our interest in the world is, the more our lives are dominated by accidental events.

세상사에 대한 관심의 폭이 협소할수록 인생은 우연한 사건에 좌지우지된다.

관심 분야, 좋아하는 것이 많을수록 즐겁고 행복해질 기회가 많아지고, 그만큼 불행의 여신에게 휘둘릴 기회가 적어진다. - 러셀

We can find a blue ocean of happiness by changing the way we desire.

우리는 다르게 욕망함으로써 행복의 블루오션을 찾을 수 있다.

각자 자신의 개성을 발휘하여 자기답게 사는 것, 자신의 만족을 추구함으로써 행복할 수 있다.

What is pleasant belongs to dreams.
즐거움은 꿈속에 있다.

행복은 어느 정도의 환상을 동반한다.

The more passions one has,
The more ways to happiness one has.
더 많은 열정을 가질수록 더 많은 행복의 길을 가진다.

Jealousy injures yourself more than others.
질투는 타인보다 자신에게 더 상처를 준다.

질투는 자신이 가지고 있는 것에 만족하지 못하고 타인의 불행에서 기쁨을 찾
는 것으로, 자신과 타인을 모두 불행하게 한다.

The envious man grows lean when his neighbor waxes fat.
질투심 많은 사람은 이웃이 살찔 때 마르게 된다.

Never find your delight in another's misfortune.
다른 사람의 불행 속에서 기쁨을 찾지 마라.

True happiness comes from enjoyment of one's self.
진실된 행복은 스스로를 즐길 때 온다.

One is never as fortunate or as unfortunate as one imagines.
누구나 스스로 상상하는 것만큼 행복하지도 혹은 불행하지도 않다.

인간은 적응력이 뛰어나서 행복에도 고통에도 쉽게 적응하기 때문에, 그렇게
행복하지도 불행하지도 않다.

They must often change if they wish to be consistently happy and wise.

늘 행복하고 지혜로운 사람이 되려면 자주 변해야 한다. - 공자

군자표변(君子豹變): 군자는 자기 잘못을 고치고 선(善)으로 향하는 데 신속해야 한다. 표범의 무늬가 가을이 되면 뚜렷하고 아름다워지듯이, 사람도 과거의 잘못된 인생에 매달리지 말고 변화에 맞춰 스스로를 개선해나가야 한다.

To be happy, we must not be too concerned with others.

행복해지려면 다른 사람에게 지나친 관심을 갖지 말아야 한다.

비교는 자신을 초라하게 만든다.

Happiness is between shortage and excess.

행복은 부족과 과잉의 중간에 있다.

결핍은 사람을 불편하게 하고, 지나친 쾌락은 인간의 감각을 마비시킨다.

The biggest obstacle to happiness is expectation for more happiness.

행복의 가장 큰 장애는 더 많은 행복을 기대하는 것이다.

Man is fond of counting his troubles, but he does not count his joys.

사람들은 근심을 세는 것을 좋아하나, 기쁨은 잘 세지 않는다.

만약 사람들이 근심을 세지 않고 기쁨을 세기 시작한다면, 모든 자리에 행복이 제공되고 있음을 발견할 것이다. - 도스토옙스키

Gratitude is our most direct line to God and the angels.

감사는 신과 천사에 연결되는 가장 직접적인 길이다.

Be thankful for the least gift, so you will receive greater.

작은 것에 감사하면 더 큰 것을 받게 된다.

Appreciation changes a life.

감사하는 마음은 삶을 바꾼다.

Happiness is itself a kind of gratitude.

행복은 바로 감사하는 마음이다.

There shall be eternal summer in the grateful heart.

감사하는 사람의 마음속은 영원한 여름이다.

To strive with difficulties and to conquer them is the highest form of human felicity.

어려운 일과 싸워서 그것을 정복하는 것은 가장 높은 형태의(더할 나위 없는) 행복이다.

인간의 참다운 행복은 먹고 사는 것의 문제가 아니라 좀 더 높은 정신적 탐구에 있으며, 더 나은 세계를 추구하는 데 있다. 개체의 비약을 꿈꾸는 것은 높은 형태의 행복이다.

There is no such thing on earth as an uninteresting subject.

지구상에 재미없는 소재 같은 것은 없다.

행복을 느낄 수 있는 감각과 안목이 중요하다.

It you search, you will find where the four - leaf clovers.

노력하면 네 잎 클로버가 자라는 곳을 찾을 수 있다.

Live simply, expect little, give much.

검소하게 생활하고, 적게 기대하고, 많이 베풀어라.

Human felicity is produced not so much by great pieces of good fortune that seldom happen, as by little advantages that occur every day.

인간의 행복은 드물게 일어나는
커다란 행운에 의해서가 아니라,
날마다 발생하는
작은 혜택에 의해 얻어진다.

사람들은 여행, 모험, 축제, 파티, 합격, 당첨 등 특별한 일에서 기쁨과 만족을 얻는다. 그러나 인생은 이벤트로만 이루어져 있는 것은 아니며, 평범한 일상이 삶의 대부분을 차지한다. 행복의 핵심은 평범한 일상에 있다. 매일같이 하는 식사나 운동, 산책, 대화 등 사소한 일들이 사실은 가장 중요한 일들이며, 삶에 기쁨을 주는 일들이다. 따라서 행복을 느낄 수 있는 안목과 감각, 따뜻한 마음을 가지는 것이 중요하다.

가능한 것이 무엇인지 아는 것이
행복의 시작이다.

Knowledge of what is possible is the beginning of happiness.

이 세상 모든 것을 가지겠다고 하거나 영생불사를 꿈꾸던 자들은 삶을 즐기지
못하고 허무하게 사라졌다.

시간

제2장 시간

1. 크로노스와 카이로스

크로노스(kronos)는 물리적 시간으로서, 시계로 재는 시간이다. 제우스의 아버지 크로노스는 제우스에게 밀려나게 되는데, 이처럼 시간의 흐름에 따라 구세대는 새로운 세대로 교체된다.

카이로스(kairos)는 심리적 시간으로서, 마음으로 재는 시간이다. 카이로스는 몸과 마음의 시간이다. 우리의 몸은 크로노스를 살아가지만, 마음은 카이로스 속에서 살아간다.

주어진 시간 속에서 행복한 인생을 보내려면 아름답고 좋은 기억을 만들어야 하며, 희망차고 바람직한 기대를 가져야 한다. 추억이 없는 사람은 돈이 없는 사람보다 가난하고, 미래에 대한 기대가 없는 사람은 예금이 없는 사람보다 가난하다.

프란시스코 고야
〈아이를 잡아먹는 사투르누스〉

제우스의 아버지 크로노스(로마에서는 사투르누스)는 왕위를 빼앗기지 않기 위해 자식을 잡아먹는다. 그러나 크로노스는 결국 제우스에게 쫓겨나게 된다. 크로노스는 물리적 시간을 말한다. 이 그림은 시간의 흐름은 거역할 수 없고 구세대는 새로운 세대로 교체될 수밖에 없다는 것을 나타낸다.

2. 시간은 상대적·주관적이다

애인과 보내는 시간은 5분과 같이 빨리 지나가지만, 보험설계사와 함께 있는 시간은 5분이 한 시간보다 길게 느껴진다.

제이 그리피스(Jay Griffiths 영국 작가 1965~)는 『시계 밖의 시간』에서 시계로 재는 시간과 개인이 느끼는 주관적 시간은 다르다고 했다. 시계의 시간은 숫자로 나열되어 있고, 기계적 규칙성으로 움직이며, 시간 엄수를 요구한다. 그러나 삶에서의 시간은 기계적 규칙성으로 움직이지 않는다. 나이 든 사람은 시간이 너무 빨리 지나간다고 한숨 쉬지만, 어린이들은 잠시도 참지 못해 안달한다. 시간은 주관적·상대적이며, 개인의 감정과 상황에 따라 시간의 길이가 다르게 느껴진다. 애인과 보내는 한 시간은 5분과 같이 빨리 지나가지만, 고문을 당하는 시간은 5분이 한 시간보다 길게 느껴질 것이다.

저기 칡 캐고 있는 그대여, 하루만 못 봐도 석 달이나 지난 듯
- 『시경(詩經)』

■ 시간은 기다리는 사람에게는 너무 느리게 오고, 용기 없는 사람에게는 너무 빨리 오고, 기뻐하는 사람에게는 너무 짧게 온다.
- 존스베리

3. 시간은 체험의 산물이다

　시간은 인간이 사유를 통해 고안해낸 관념적인 것이며, 분할 불가능한 사물 세계의 변화와 운동을 계산·측정할 수 있도록 고안해낸 것이다. 베르그송(Henri Bergson 프랑스 철학자 1859~1941)은 시간은 공간적으로 분할할 수 없고 계량할 수 없으며 느껴질 뿐이라고 했다. 후설(Edmund Husserl 독일 철학자 1859~1938)은 시간은 사물을 지각하는 우리 의식의 흐름으로서 끊을 수 없는 것이라고 했다.

　현상학(現象學 phenomenology)에 의하면, 존재한다는 것은 어떤 방식으로든 우리의 의식에 나타나는 것(현상 現象)이며, 의식에 떠오르는 현상은 외부의 대상과 내부의 의식과의 결합에 의해 만들어진다. 현상학에 의하면, 우리가 세상에서 경험하는 모든 것이 다 현상이다. 경험은 인간의 몸에서 비롯되고, 사람들은 각자의 지향적 태도가 다르기 때문에, 각자의 태도에 따라 세계는 다른 의미로 나타난다. 시간 역시 사물의 변화와 관련하여 우리의 경험이 구성한 주관적 체험의 산물로서, 각자에게 다르게 느껴지고 다른 의미로 나타나게 된다는 것이다.

절벽 사이에 있는 다리를 건널 때 느끼는 시간은 시계로 재는 시간과 다르다. 시간은 우리의 경험이 구성한 주관적 체험의 산물로서 각자에게 다르게 느껴지고 다른 의미로 나타난다.

4. 시간은 허구적 개념이다

우리는 지구가 자전하는 것을 하루, 지구가 공전하는 것을 1년으로, 달이 차고 기우는 것을 한 달로 정했다. 이처럼 시간은 공간의 존재로부터 파생된 개념이다. 그러나 우리가 믿고 있는 공간이 에너지의 파동에 불과한 일시적인 것이고 사상누각이라면 시간 역시 허구적 개념이다.

시간은 공간의 존재로부터 파생된 개념이다. 지구가 자전하는 것을 하루, 지구가 공전하는 것을 1년으로 정하고, 달이 차고 기우는 것을 한 달로 정했다. 그러나 우리가 믿고 있는 공간이 에너지의 파동에 불과한 일시적인 것이라면, 그것은 사상누각이자 허구의 세계이다. 우리가 보고 있는 별은 수백 년 전의 별이다. 공간이라는 허구의 기초 위에서 우리는 지나간 과거의 그림자를 보고 있는 것이다.

한편, 시간은 빛과의 관계에서 생성된 개념으로서 우리가 사는 공간에서 일어나는 모든 운동이 빛보다 느리다는 전제하에서만 시간이 흐른다. 그러나 빛과 같은 속도로 움직인다면, 흐르는 시간이라는 것은 없고 영원한 현재만이 존재한다.

인간에게 하루는 지구 끝까지 갈 수 있는 긴 시간이지만, 달팽이에게는 10미터밖에 갈 수 없는 짧은 시간이다. 이것은 모든 존재는 제각기 다른 시간 체계를 가지고 있다는 것을 의미한다. 빛의 속도에 가까운 세계에서 멀어질수록 더 번거롭고 많이 움직이면서 살아가야 하므로, 시간이 빠르게 흐른다고 느껴진다. 이렇게 본다면 생물체의 진화는 빛의 주변에서 중심으로 이동해가는 과정이며, 천국이나 극락에는 시간이 없다는 가설이 성립될 수 있다.

5. 시간은 이데올로기적이다

제이 그리피스(Jay Griffiths)에 의하면, 시간은 사회의 지배적인 가치관이나 사상을 담고 있다. 지역마다 고유의 시간 구분 방식이 존재한다는 것은 시간이 자연적, 사회적 삶의 여건을 반영한다는 점을 보여준다. 이렇게 본다면 시간은 물리적으로 실측되는 실체라기보다 문화나 종교, 의식의 산물로서, 사회의 지배적인 가치관이나 사상을 담고 있는 것이며, 시간의 묘사 방식은 이데올로기적이다.

제이 그리피스는 "뉴턴의 절대적·수학적 시간, '시간은 돈이다'라는 생각은 시간을 강박적으로 분할하고 원자화하고 측정하여 시간의 다양성과 고유성을 말살하고, 시간에 충만해 있는 은총과 자비를 비천하고 무자비한 시간 세기로 고갈시켜버렸다"고 했다.

■ 이누이트 족은 지역 특성상 달력이 없어 시간을 가리키는 말이 없었으나, 시계가 도입된 이후 그들의 생활이 크게 달라졌다고 한다.

■ 학교 시간표, 일과표, 열차 시각표 등은 사회적 약속을 반영하며, 우리는 이 약속에 따라 시간을 준수하며 살아감으로써 사회가 운행·작동된다.

	월	화	수	목	금	토
1	자습	자습	자습	자습	자습	자습
2	국	영	과	사	수	영
3	사	국	사	과	사	수
4	컴	사	국	과	수	사
5	미	수	음	영	영	과
6	과	수	과	체	국	
7	영	음	미	국	체	
8	수	국	수	영	국	
9	야자	야자	야자	야자	야자	
10	야자	야자	야자	야자	야자	
11	야자	야자	야자	야자		

종 별	열차번호	도착시간	출발시간	종착역	도착시간	비고
무궁화	1225	00:33	00:34	부 산	02:18	
무궁화	1225	00:33	00:34	부 산	02:18	
무궁화	1225	00:33	00:34	부 산	02:18	
무궁화	1225	00:33	00:34	부 산	02:18	
무궁화	1225	00:33	00:34	부 산	02:18	
무궁화	1225	00:33	00:34	부 산	02:18	
무궁화	1225	00:3	34	부 산	02:18	
무궁화	1225	00:3	4	부 산	02:18	

시간은 인간의 자연적, 사회적 삶의 여건을 반영한다. 학교 시간표, 열차 시각표 등은 사회적 약속을 반영하며 우리는 이 약속에 따라 시간을 지키며 살아가야 한다. 시간은 사회의 중요한 부분을 통제하며 이데올로기적인 기능을 한다.

농촌에서는 해가 뜨면 일어나고 해가 지면 자는 경우가 많다. 농촌의 시간은 자연의 리듬에 따르고 생체리듬과 일상리듬이 잘 일치한다. 농촌에서의 시간은 자연으로 충만한 시간이며 농촌 사람들은 부드럽고 넉넉한 시간 속에 산다.

제이 그리피스(Jay Griffiths)의 『시계 밖의 시간』에 의하면, 농촌의 노동 방식, 추수 시기, 양털 깎는 시기 등은 자연의 리듬과 함께하고 자유롭다. 서두르지 않고 더 빨리, 더 많이 하려고 하지도 않으며, 정확성, 효율성을 요구하지도 않는다. 농촌의 시간은 자연으로 충만한 시간, 부드럽고 넉넉한 시간이며, 그것은 시계의 대립물이다. 농촌의 시간은 자연의 리듬에 따르고, 생체리듬과 일상리듬이 잘 일치한다.

도시에는 시계는 많지만, 시간은 없다. 이 때문에 도시 사람들은 휴일이면 집을 떠나 시간이 더 많이 있는 시골로 가서 여유를 즐긴다.

라다크 사람들에게는 시간을 나타내는 아름다운 말들이 있다. '어두워진 다음 잘 때까지', '해가 산꼭대기에', '해뜨기 전 새들이 노래하는 아침 시간'. 사람들은 열심히 일하지만, 자기들의 속도로 웃음과 노래를 곁들이며 한다.   - 헬레나 노르베리 호지, 『오래된 미래』 중에서

■ 제이 그리피스가 말한 시계 밖의 시간은 풍부하고 여성적이며, 촉촉하고 둥근 시간이며, 자연으로 충만한 시간, 부드럽고 넉넉한 시간, 자연의 리듬에 맞춘, 살아 숨 쉬는 시간이다.

7. 도시의 시간

　도시의 시간은 시계로 재는 시간, 산업 문명의 시간이다. 그것은 기계적 규칙성으로 움직이고 시간 엄수를 요구한다. 시간은 아껴 써야 하는 재화이며 상품이므로 최대한 생산적으로 이용되어야 한다. 서구의 근대적 시간, 산업 문명의 시간은 계산과 측정의 시간으로서 정확성·효율성을 요구하며, '시간은 돈이다', '시간을 낭비하지 말고 아껴 써야 나중에 한가할 수 있다'고 말한다. 느림과 게으름은 악덕이자 단죄의 대상이며, 사람들은 기계의 리듬에 맞추어 더 빨리 움직여야 한다. 산업 문명의 시간은 사람들을 더 빠른 속도로 내몰고, 시간의 노예로 만들었다.

■ 병원 근무, 3교대 근무, 심야극장, 24시간 편의점, 케이블 TV, 인터넷, 항공기 운항 등은 시간대가 일정치 않아 시차 적응이 어렵다. 산업 문명의 시간, 도시의 시간은 생체리듬에 역행하며, 생체리듬을 파괴하여 이익을 얻기도 한다.

■ 산업 문명은 마음으로 재는 시간(카이로스 kairos)을 뺏어갔을 뿐 아니라, 물리적 시간(크로노스 kronos)도 더 바쁘게 만들었다.

도시의 시간은 아껴 써야 하는 재화이므로 최대한 생산적으로 사용되어야 한다. 바쁜 산업 문명은 사람들을 시간의 노예로 만들었고 그들을 위한 24시간 편의점, 심야극장, 카지노 등은 자연의 리듬, 생체리듬에 역행한다.

지금 존재하는 시간은 금세 지나가 버리고 시간은 측정할 수 없다. 시간은 미래에서 과거로 순식간에 넘어가 버리기 때문에 지속성을 전혀 갖지 못한다. 이렇게 본다면 시간이란 과연 존재하는지가 의문이다.

어떤 길이를 가진 시간은 그 동일한 기간 안에서 더 이상 연장될 수 없는 수많은 운동이 연속적으로 지속된다는 것인데, 이런 운동의 흐름 속에서 현재의 운동은 금세 과거로 바뀐다. 지금 존재하는 시간은 1초, 그러나 그 1초도 그보다 짧은 단위로 무한히 나눌 수 있으며, 그 가장 짧은 단위의 시간조차 측정이 불가능하다. 또 그 시간은 미래에서 과거로 순식간에 넘어가버리기 때문에 지속성을 전혀 갖지 못한다.

아우구스티누스(Aurelius Augustinus, 로마 354~430)는 "과거가 더 이상 존재하지 않고 미래가 아직 존재하지 않는다면, 과거와 미래는 존재할 수 없으며 우리에게는 영원한 현재만 남는다. 그러나 영원한 현재는 시간이 아니라 영원성일 것"이라고 했다. 아우구스티누스는 과거, 현재, 미래라는 세 가지 시간이 있는 것이 아니라, 과거의 현재, 현재의 현재, 미래의 현재 이 세 가지가 영원 안에 있다고 하면서, 과거의 현재는 기억이고, 현재의 현재는 직관이며, 미래의 현재는 기대라고 했다.

9. 아우구스티누스의 시간론

② - 시간은 영혼의 확장이다

아우구스티누스는 시간이 태양과 달의 운행에 따라 결정된다는 주장에 대해서도 동의하지 않았다. 천체의 운행뿐 아니라 물레 같은 물체의 주기적 회전도 시간 측정에 이용할 수 있기 때문이다. 아우구스티누스는 시간을 천체의 운행과 결부시키는 가설을 배척하고, 시간은 영혼의 연장 또는 확장이라는 가설을 제시했다.

아우구스티누스에 의하면, 시간은 무한히 나눌 수 있고 현재는 순식간에 지나가기 때문에, 시간은 길이가 없어 측정이 불가능하고, 영원 속에서는 모든 것이 현재이다. 아우구스티누스에 있어서 시간은 신으로부터 받은 상기(想起)의 힘에 의해 분산되지 않는 하나의 통일체가 되며, 그 통일성 안에서 의미와 가치를 갖게 됨으로써 인간은 구원을 얻게 된다. 프루스트는 소설 『잃어버린 시간을 찾아서』에서 "기억이 천상의 구원처럼 내려와 혼자서는 빠져나올 수 없는 허무로부터 나를 건져주었다"고 표현했다. 기억은 신의 은총이며 회상은 허무로부터 인간을 구출해주는 구원의 손길이라는 시각은 아우구스티누스의 시간론과 일치한다. 이것은 심리적 시간이며, 초자연적 시간이다.

어릴적에 쫑쫑 종탑에 올라가 시간을 보내던 게 생각 나는군.

시간은 무한히 나눌 수 있고 현재는 금세 지나가 버리기 때문에 길이가 없고 측정이 불가능하다. 영원 속에서는 모든 것이 현재이며 상기(想起)의 힘에 의해 인간은 영원성(구원)을 얻게 된다.

과거의 시간은 이미 지나가 버린 덧없는 시간이 아니다. 감동적인 순간은 회상 속에서 되살아난다. 회상 하나하나에는 영원한 무엇인가가 깃들어 있고 인간은 그 순간을 통하여 영원한 시간에 이르게 된다.

프루스트(Marcel Proust, 프랑스 소설가 1871~1822)의 『잃어버린 시간을 찾아서』에 나오는 주인공은 외출에서 돌아와 마들렌 과자에 적신 홍차를 마신다. 차를 한 모금 마시는 순간 원인 모를 감미로운 쾌감이 밀려들고 벅찬 희열을 느끼게 된다. 지금 느낀 이 맛은 어린 시절 전원 마을 콩브레에서 일요일 아침마다 고모가 보리수차에 적셔주던 마들렌 과자 맛이라는 것을 깨닫고, 어린 시절 여름휴가를 보낸 아름다운 추억이 떠오른다. 홍차에 적신 마들렌 과자가 가져온 신비스럽고 지극히 행복한 순간의 비밀은 자신이 지금 느끼는 느낌과 과거의 느낌이 같은 데 있음을 알게 된다.

과거의 시간은 이미 지나가버린 덧없는 시간이 아니다. 감동적인 순간은 회상 속에서 되살아나게 된다. 회상 하나하나에는 영원한 무엇인가가 깃들어 있고, 과거의 쾌락이 영원히 살아있다. 이렇게 하여 주인공은 순간을 통하여 영원한 시간에 이르는 길을 찾게 된다.

11. 프루스트 - 잃어버린 시간을 찾아서 ②

세월은 무상하게 흘러가지만, 순간적인 감동은 기억에 의해 시간을 초월하여 다시 태어나 영속성을 갖게 된다. 아름다운 순간의 추억은 불현듯 되살아나 영원으로 이어지는 시간이다.

세월은 무상하게 흘러가지만, 순간적인 감동은 기억에 의해 또는 예술을 통해 시간을 초월하여 다시 태어나 현재와 연결되며, 시간을 초월하는 영원성을 갖게 된다. 이때 인간은 삶의 의미와 가치, 잃어버린 시간을 되찾고, 시간에 묶인 실존의 한계를 벗어나 죽음을 초월하는 근원적인 것과 만나게 된다.

행복의 비밀은 순간적인 감동과 잊지 못할 경험, 예술적 체험에 있다. 일상적인 삶을 우리는 얼마나 무의미하게 흘려보내고 바보처럼 살아가는가? 시간에 쫓기듯 끌려가지 말고 항상 호기심을 갖고 집중할 대상을 찾아내고, 언제든 감동할 수 있는 마음가짐으로 살아가며 잊지 못할 기억, 소중한 추억을 많이 만든다면, 자기가 가진 것을 나누고 삶을 자기 것으로 삼으면서 삶을 더 풍부하게 만든다면, 주어진 시간 속에서 우리는 더 많은 시간을 온전히 내 것으로 만들 수 있을 것이다.

■ 프루스트는 이 소설을 통해 새로운 시간, 초자연적 시간을 창조했다. 프루스트에게 있어서 흘러간 시간은 잃어버린 시간이 아니다. 그것은 삶의 아름답고 소중한 것을 담을 수 있는 시간이며, 불현듯 되살아나 영원으로 이어지는 시간이다.

12. 베르그송의 시간 - 순수 지속

베르그송(Henri Bergson, 프랑스 철학자 1859~1941)은 순수한 시간은 공간적으로 분할되지 않으며 지속될 뿐이라고 했다. 분할되지 않고 공간화될 수 없으며 계량화할 수 없는 순수한 시간을 베르그송은 순수 지속(pure duration)이라고 했다.

베르그송에 의하면, 시간을 계량화한 것은 우리의 생활을 위해서 편의적으로 시간을 공간화한 것일 뿐, 시간 자체의 특성은 아니다. 또 운동은 시간적 경과를 거치면서 이동하는 시간적 사건이며, 한 점에서 다른 점으로 이동하는 공간적 사건이 아니다.

베르그송은 시간은 공간적으로 계량화할 수 없기 때문에 오로지 직관에 의해서만 파악되며, 수치로 확인할 수 없고 오로지 느껴질 뿐이라고 했다. 각자에게 느껴지는 시간의 길이는 다르다.

■ 제논의 역설에 의하면, 날아가는 화살은 과녁에 도달할 수 없다. 활과 과녁 사이의 무수한 중간지점을 통과하는 것이 무한히 반복된다면, 무한한 시간이 필요하기 때문이다. 그러나 현실의 운동은 한 공간에 하나의 시간이 대응하지 않는다. 베르그송은 한 공간에 하나의 시간이 대응하고 공간적 좌표와 같이 시간적 좌표도 무한히 분해할 수 있다는 생각, 모든 것을 분해하고 잘라서 계량화할 수 있다는 잘못된 믿음에서 제논의 역설이 발생했다고 했다.

제논의 역설에 의하면 활과 과녁 사이에 무수한 중간지점이 있고 그것을 통과하는데 무한한 시간이 걸리기 때문에 화살은 과녁에 도달할 수 없다. 그러나 운동은 시간적 경과를 거치며 이동하는 것이며 하나의 점에서 하나의 점으로 이동하는 공간적 사건이 아니므로 제논의 역설은 성립되기 어렵다.

13. 하이데거 - 존재와 시간

빨리 가야 하는데 버스는 오지 않는다. 기다리는 사람은 초조하다. 이처럼 시간은 존재와 함께 파악된다. 하이데거에 의하면 인간은 그냥 존재하는 것이 아니라 특정한 상황, 시간의 흐름 속에 놓인 현 존재이며 존재와 시간은 분리해서 생각할 수 없다.

실존주의 철학에서는 시간은 존재와 함께 파악된다. 하이데거(Martin Heidegger, 독일 철학자 1889~1976)는 『존재와 시간 Sein und Zeit』에서, 참된 존재를 이해하기 위해서는 존재와 시간을 분리해 생각할 수 없다고 했다. 하이데거에 의하면, 미래가 있고 변화와 운동을 하는 존재, 시간과 함께 하는 지금 실존하는 존재가 참된 존재이며, 특히 인간은 그냥 존재하는 것이 아니라 특정한 상황, 시간의 흐름 속에 놓인 현 존재이다.

인간은 현재의 한순간에 머물지 않고, 과거의 삶을 반성하고 새 삶을 기획하면서 현재를 살아간다. 또 이따금 죽음을 생각하면서 살아있는 순간에도 미리 죽음을 경험하게 된다. 죽음이 있기 때문에 인간은 현 존재로서의 유한성을 자각하고, 자신의 존재에 대하여 의문을 제기하며 불안을 안고 살아간다. 죽음은 인간을 현재 상태에 머물지 않고 끊임없이 변화하도록 만드는 계기가 되고, 인간 스스로의 한계를 극복하고 더 나은 상태로 나아가게 하는 동력을 제공한다. 현 존재인 인간에게 있어서 죽음은 삶의 의미로 통합되는 것이다.

14. 달리의 시계 - 물렁물렁한 시간

달리(Salvador Dali, 스페인 화가 1904~1989)는 시계를 보면서 치즈를 보고, 치즈를 보면서 시계를 본다. 개미떼는 시계가 치즈이기 때문에 거기에 붙어 있다. 당시 달리의 표현에 의하면, 그는 내면적으로 조갯살처럼 물렁물렁한 상태로 늙어가고 있었고, 어느 피곤한 밤에 두통에 시달리다가 녹아내리는 치즈를 생각했고, 작업실로 가서 이파리가 없는 올리브나무를 그려두었다가, 불을 끄고 작업실을 나가면서 흐늘거리는 두 개의 시계(하나는 올리브나무 가지에 걸려 있었다)를 환각으로 보았다. 늘어진 시계는 물렁물렁한 그의 내면, 덧없이 흘러가는 세월을 그린 것이라고 한다.

■ 달리의 시계에 대한 평가
  · 시계가 계산적이고 딱딱한 것이라는 고정관념을 벗어던졌다.
  · 달리는 이성(시계)이 지배하는 현실을 먹어치우고, 시간과 관계없는 삶, 시간과 관계없는 세계로 돌아가고 싶어 한다.

달리의 시계는 환각을 그린 것일 뿐, 사실 위와 같은 의도는 없었다.

예술 작품은 독자의 해석이라는 창조적 과정을 거칠 때 비소로 완성된다.   - 롤랑 바르트

달리의 시계는 딱딱하고 계산적인 것이 아니라 물렁물렁하고 축 늘어져 있다. 그림 속의 세계는 시간과는 아무런 관계가 없는 환각의 세계, 상상 속의 세계이다.

15. 미하엘 엔데 - 『모모』

회색 신사들은 시간을 아껴야 잘 살 수 있다고 말한다. 회색 신사들이 말하는 시간은 산업 문명의 시간이고 시계로 재는 시간이다. 모모는 시간의 노예에서 해방되어 사랑과 추억, 희망으로 가득 찬 시간(마음의 시간)을 살아가라고 한다.

평화로운 마을에 어느 날부터 회색 옷을 입은 신사들이 조금씩 보이게 된다. 처음엔 몇 명 되지 않다가, 점점 수가 많아지게 된다. 회색 신사들은 시간을 낭비하지 말고 아끼라면서, 그래야 나중에 한가하게 살 수 있다고 말한다.

회색 신사들의 방문이 있은 후 사람들은 돈을 벌기 위해 또는 뭔가 중요한 인물이 되기 위해 시간을 아끼기 시작한다. 마을 사람들은 점점 바빠지고, 모모에게 자주 찾아오던 마을 사람들도 더 이상 오지 않게 된다. 도시는 예전의 따뜻한 인정이 모두 사라지고 차갑고 삭막한 회색 도시로 변해갔다. 모모는 마을 사람들이 시간을 도둑맞고 있다고 생각하여 시간을 되찾아주고자 한다.

모모는 시간을 멈추게 하는 '시간의 꽃'으로 회색 신사들을 물리치고, 사람들에게 주어진 시간을 한가하게 즐기는 행복한 삶을 되찾게 해준다.

■ 회색 신사의 시간은 산업 문명의 시간이며, 시계로 재는 시간(크로노스)이다. 그러나 모모의 시간은 심리적 시간으로서, 마음으로 재는 시간(카이로스)이다. 모모는 우리에게 시간의 노예에서 해방되어 카이로스 속에서 살게 되는 것, 사랑과 아름다운 추억에 가득 찬 시간, 가슴 뛰는 희망으로 가득 찬 시간을 살라고 한다.

16. 생체시계와 생체리듬

　사람의 일상적인 삶은 태양광의 영향을 받는데, 태양광이 차단되었을 때 생체시계는 정확히 작동되더라도, 시간에 대한 우리의 주관적 인식은 리듬이 흔들리고 깨진다.

　과거의 농경사회는 생체리듬과 일상리듬이 잘 일치하고, 삶과 사회가 일치된 리듬을 유지했다. 그러나 오늘날은 병원, 3교대 근무, 심야극장, 24시간 편의점, 케이블 TV, 인터넷 등 시간과 관계없는 일들이 많고, 항공기 승무원은 시간대를 넘나들어 시차 적응이 어렵다. 현대생활은 생리적 리듬에 역행한다.

■ 산업 문명은 생체리듬을 파괴하여 이익을 얻는다. 양계장은 항상 불을 켜놓고 암탉을 낮으로 착각하게 만들어 알을 낳도록 유도하고, 백화점이나 카지노는 창문이나 시계를 두지 않음으로써 시간을 파악하기 힘들게 하여, 고객을 오랜 시간 그곳에 머물게 하면서 지갑을 열게 한다.

태양광이 차단되면 시간에 대한 인간의 리듬이 흔들리고 깨진다. 카지노는 창문이나 시계를 두지 않음으로써 시간을 파악하기 힘들게 하여 고객이 오래 머물게 하고 지갑을 열도록 만든다. 이처럼 산업 문명의 시간은 생체리듬을 파괴하여 이익을 얻고자 한다.

17. 아날로그 시간과 디지털 시간

아날로그 시계는 시간을 문자판에 공간화하여 총체적·연속적으로 파악할 수 있게 한다. 아날로그 시계는 전체를 통해 부분적 시간을 볼 수 있기 때문에 균형 잡힌 시각을 지닐 수 있게 한다. 아날로그 시간은 대충 있는 것, 고여 있지 않고 구름에 달 가듯이 흘러가는 것이다.

아날로그 시간은 자연과 실제에 가깝다. 정확성이 떨어지는 반면, 삶의 여유를 가질 수 있다.

디지털 시간은 시간의 모호성을 추방하고, 시간은 초 단위라도 분명히 존재하는 것으로 만들었다. 디지털 시간은 정확하지만, 휙 지나가 버리므로 전체 속에서의 위치를 알 수 없고 실제적·자연적이지 못하다.

디지털 시간은 기계적 정확성과 이성적·논리적인 것을 지향한다. 제이 그리피스(Jay Griffiths)의 표현에 의하면, 그것은 시간의 원자화를 통해 개성을 지워버리고, '지금'에 생명을 불어넣기보다 숨통을 죈다.

■ 기계적 정확성으로만 접근하여 문제를 해결·판단하면 오류 가능성이 줄어드나, 정서적 측면을 소홀히 하여 자연적 리듬을 깨뜨리고, 공동체를 파편화시킬 수도 있다.

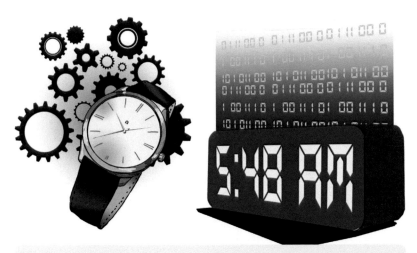

아날로그 시간은 전체를 통해 부분을 볼 수 있다. 정확성이 떨어지는 반면 균형적인 시각을 지닐 수 있고 여유를 가질 수 있다. 반면 디지털 시간은 정확하지만, 휙 지나가 버린다. 그것은 시간의 원자화를 통해 개성을 지워버리고 우리의 숨통을 죄고 있다.

시계로 재는 시간은 같으나 사람들이 체험하는 시간의 길이는 다르다. 잊지 못할 기억, 소중한 추억을 많이 만든다면 기억의 힘으로 우리는 더 많은 시간을 온전히 내 것으로 만들 수 있고 좀 더 행복한 삶을 살아갈 수 있다.

시계로 재는 시간은 같으나, 사람들이 체험하는 시간의 길이는 다르다.

인간은 죽음에 이르기까지의 유한한 시간을 자신에게 유리한 쪽으로 체험하여, 주어진 시간 속에서 좀 더 많은 시간을 살고자 한다. 그렇게 하기 위해서는 자기가 가진 것을 남들과 나누고 남들의 삶을 자기 것으로 삼으면서 삶을 풍부하게 만들어야 하고, 하루하루 내일을 계획하고 지나간 과거를 기억하는 태도로 살아야 한다.

시간은 누구에게나 공평하게 주어진다. 그러나 짜릿한 경험, 긴장과 모험의 순간, 흥분되는 순간은 오래도록 기억에 남아 삶의 이정표가 되어준다.

외부 시간의 영향에 쫓기듯 끌려가지 말고, 항상 호기심을 갖고 새로이 집중할 대상을 찾아내고, 언제든 감동할 수 있는 마음가짐으로 살아가며, 잊지 못할 기억, 소중한 추억을 많이 만든다면, 더 많은 시간을 온전히 내 것으로 만들 수 있을 것이다.

19. 시간에는 기슭이 없다

마르크 샤갈(Marc Chagall, 러시아 화가 1887~1985)의 그림에 나오는 푸른색의 청어(희망, 유토피아의 상징)는 날개에 상처를 입고 피투성이가 되어 흐르는 강물 위를 날고 있고, 손에 들고 있는 바이올린은 구원을 해주기에는 너무나 작다. 청어의 몸에는 고장 난 시계가 달려 있어서, 시간과 삶이 제대로 작동되지 않고 있는 것 같다.

강물은 목적 없이 죽음을 향해 흘러가고, 두 연인은 생명의 원천인 강가에서 사랑을 나누고 있으나, 흘러가는 시간이 두렵고 저쪽 언덕(피안)에 도달할 수 없기 때문인지 등을 돌리고 있다.

〈시간에는 기슭이 없다〉는 그림의 제목처럼 흐르는 시간이 도달해야 할 기슭, 피안이 없다는 것은 흘러가는 우리 삶의 시간이 도달해야 할 목적지가 없고 무의미하다는 것을 말한다.

■ 인간은 이성의 발견으로 눈부신 발전을 이룩하여 미래에 대한 자신감과 낙관적 전망이 우세했다. 그러나 두 차례의 세계대전은 이성의 한계를 드러내고 도구적 이성의 폐해, 역사 발전에 대한 회의, 미래에 대한 불안감을 안겨주었다.

마르크 샤갈 〈피안 없는 시간〉

흐르는 시간이 도달해야 할 피안이 없다는 것은 흘러가는 우리 삶의 시간이 도달해야 할 목적지가 없고 무의미하다는 것을 말한다.

20. 시간에 관한 명언

Time is flying never to return.
시간은 날아가 다시는 되돌아오지 않는다.

Time is the great physician.
시간은 위대한 의사이다.

The future depends on what we do in the present.
미래는 현재 우리가 무엇을 하는가에 달려 있다.

The whole life of man is but a point of time.
인간의 삶 전체는 단지 한순간에 불과하다.

Time is the most valuable thing a man can spend.
시간은 인간이 쓸 수 있는 가장 값진 것이다.

Even he who has nothing else has time.
가진 것이 아무것도 없는 이에게도 시간은 있다.

Time flies when you are having fun.
즐거울 때 시간은 날아간다.

When you sit on a red - hot cinder a second seems like an hour.

뜨거운 난로 위에 앉아 있을 때는 1초가 1시간처럼 느껴진다.

시간은 상대적이다.

You may delay, but time will not.
당신은 지체할 수도 있지만, 시간은 그렇지 않을 것이다.

There is never enough time, unless you're serving it.
복역 중이 아니라면 충분한 시간이란 결코 없다.

You can get more money, but you can not get more time.
보다 많은 돈을 벌 수는 있지만, 보다 많은 시간을 얻을 수는 없다.

Unless time is managed well nothing else can be managed.
시간이 잘 다뤄지지 않는 한, 그 밖의 어떤 것도 잘 다뤄질 수 없다.

Pleasure is the flower that passes; remembrance, the lasting perfume.
즐거움은 지나가는 꽃이고, 추억은 지속되는 향기이다.

People who can not find time for recreation are obliged sooner or later to find time for illness.
기분 전환을 위한 시간을 낼 수 없는 사람은 부득이 조만간 병을 위해 시간을 내야 한다.

There is no present. There's only the immediate fu-

ture and the recent past.
현재라는 것은 없다. 즉시 오는 미래와 최근의 과거가 있을 뿐이다.

Employ thy time well, if you meanest to get leisure.
여가 시간을 가지려면 시간을 잘 써라.

So little time and so much to do.
시간은 너무 없고 할 일은 너무 많다.

Punctuality is the soul of business.
시간 엄수는 비즈니스의 영혼이다.

Time cools, time clarifies.
시간은 차갑게 식혀주고 명확하게 보여준다.

Nothing is a waste of time if you use the experience
wisely.
경험을 현명하게 사용한다면, 어떤 일도 시간 낭비는 아니다.

Nothing is permanent in this wicked world.
이 사악한 세상에 영원한 것은 없다.

The time to repair the roof is when the sun is shining.
지붕은 햇빛이 밝을 때 수리해야 한다.

Time is a cruel thief to rob us of our former selves.
시간은 예전의 우리를 앗아가는 무자비한 도둑이다.

Those who can not remember the past are condemned to repeat it.

과거를 기억 못 하는 이들은 과거를 반복하기 마련이다.

Time crumbles things.

시간은 만물을 스러지게 한다.

Everything grows old under the power of Time and is forgotten through the lapse of Time.

만물은 시간의 힘 아래 서서히 나이 들고, 시간이 흐르면서 잊힌다.

If you take care of the moments, the years will take care of themselves.

순간들을 소중히 여기다 보면, 긴 세월은 당신을 돌보게 될 것이다.

An unhurried sense of time is in itself a form of wealth.

시간에 대한 느긋한 태도는 그 자체가 풍요의 한 형태이다.

Be careful lest you let other people spend your time.

타인이 당신의 시간을 써버리지 않도록 주의하라.

시간은 당신이 가진 유일한 것이다.

All my possessions for a moment of time.

한순간을 위해 내가 가진 모든 것을.

I wasted time, and now doth time waste me.

나는 시간을 낭비했고, 그래서 지금 시간이 나를 낭비하고 있다.

- 셰익스피어

We must use time as a tool, not as a crutch.

시간을 도구로 사용해야 하며, 시간에 의존해서는 안 된다.   - 존 F. 케네디

시간이 모든 것을 해결해줄 것이라 기대하지 말고, 사람이 시간을 주도해야
한다.

There is no time for cut – and – dried
monotony.

무미건조한 단조로움에 할애할 시간은 없다.   - 코코 샤넬

Nothing is as far away as one minute ago.

일 분 전만큼 먼 시간은 없다.

Every morning hath gold in its mouth.

이른 아침은 입에 황금을 물고 있다.

Half our life is spent trying to find something.

인생의 절반은
무엇인가를 찾는 데 쓰인다.

Regret for wasted time is more wasted time.

낭비한 시간에 대한 후회는
더 큰 시간 낭비다.

3

소유 - 돈, 재산

제3장 소유 - 돈, 재산

1. 소유의 의미

① - 배타적 지배

소유권은 외적인 사물들을 배타적·독점적으로 지배할 수 있는 권리를 말한다. 그러나 나의 것이라 해도 배타적·독점적으로 지배할 수 없는 예외가 있다. 예컨대 애완견을 학대하거나 쓰레기를 함부로 버리는 것은 허용되지 않는다. 또 그림, 조각물 등을 구입하여 소유하고 있는 사람은 그 저작물을 가로, 공원, 건축물의 외벽 등 공중에 개방된 장소에 전시하고자 하는 경우에 저작권자의 동의를 받아야 한다. 이렇게 본다면 소유권은 상호 합의에 의해서 성립되는 것이고, 의무를 수반하는 복잡한 문제이기도 하다.

나의 강아지를 함부로 학대해서는 안 된다. 또 내가 산 그림이라도 공공의 장소에 마음대로 전시할 수 없다. 소유권은 완전한 배타적, 독점적 권리가 아니라 의무를 수반하기도 한다.

소유하려는 욕구는 자기 자신을 심리적으로 확장하여 자아실현을 확대하려는 생각에서 나온다. 그러나 소유를 통해 존재를 확대하려는 시도는 마음만 부풀게 할 뿐이다.

게오르그 짐멜(Georg Simmel)은 『돈의 철학』에서 소유한다는 의미는 영혼에 특정한 감정과 자극을 불러일으키는 것이고, 자아의 영역이 외적인 대상을 뛰어넘어 그 대상과 하나가 되는 것이라고 설명했다. 소유는 사물에 대한 인간의 심리적 관계를 표시한 것이며, 재산에 대한 애착, 내 소유로 하려는 욕구는 자기 자신을 심리적으로 확장하여 자아실현의 기회를 확대하려는 생각에서 나온다는 것이다.

■ 로빈슨 크루소는 무인도에서 누구의 간섭도 받지 않고 모든 것을 자기 마음대로 할 수 있었음에도, 눈에 띄는 모든 것들을 자신의 것으로 만들기 위해 노력했고 소유의 표시를 해두었다. 그의 이러한 행위는 존재의 확장, 자아실현의 가능성을 높이려는 의도와 관련지어 생각해볼 수 있다.

■ 현대인들은 소유물을 자신의 정체성의 일부로 생각하고 소유를 통해 자신을 드러내고자 한다. 소유를 통해 부족함을 채우고, 의복과 자동차를 통해 신분을 과시하고자 한다. 애인은 떠나가지만, 물건은 나를 버리지 않는다는 생각에서 내구성 있는 고가의 물품을 선호하기도 한다.

3. 인생은 소유에 의해서가 아니라
   창조에 의해서 드러난다

  무엇인가를 소유해야만 안심이 되고, 소유를 통해 정체성을 얻고 자신을 드러낼 수 있다는 생각은 소유라는 목발을 쓰지 않으면 쓰러진다고 믿는 의존적이고 가련한 사람들의 생각이다.

  필요 이상의 무엇인가를 더 소유한다는 것은 우리의 정체성을 부풀려 놓고 우리의 평안을 깨뜨린다. 소유하고 있는 대상은 그것을 손에 넣기 전까지만 대단하게 보일 뿐, 일단 소유하게 되면 동일한 매력이 유지되는 경우가 거의 없다. 있는 그대로를 향유하지 않고 소유하는 것은 대부분 그것을 시들고 스러지게 한다.

  또 소유를 획득하기 위해서 노력하는 과정에서 많은 스트레스를 받게 되고, 건강, 인간관계 등 다른 중요한 가치를 희생시키게 되고, 권리침해로 남들의 손가락질을 당하기도 한다. 인생은 소유에 의해서가 아니라 창조에 의해서 드러나는 것이며, 소유를 통한 존재의 확장, 자아실현을 추구하는 것은 큰 의미가 없다.

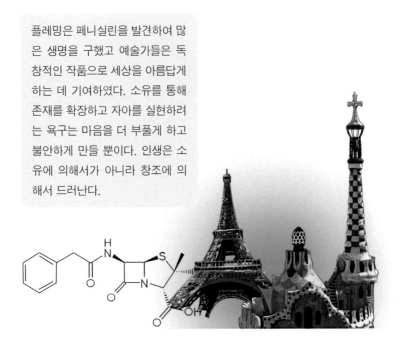

플레밍은 페니실린을 발견하여 많은 생명을 구했고 예술가들은 독창적인 작품으로 세상을 아름답게 하는 데 기여하였다. 소유를 통해 존재를 확장하고 자아를 실현하려는 욕구는 마음을 더 부풀게 하고 불안하게 만들 뿐이다. 인생은 소유에 의해서가 아니라 창조에 의해서 드러난다.

4. 많이 소유하면 풍요로운가?

우리는 과거에 비해 많은 것을 소유하고 편리한 생활을 하고 있지만, 더 바쁘게 움직여야 하고 비인간적 요소가 증대되어 진정한 여유와 풍요를 누리지 못하고 있다.

현대 산업사회는 희소성의 원리에 의해 지배되기 때문에, 많이 생산할수록 오히려 풍요로움에서 더 멀어진다. 희소성이 있을수록 가치가 높아지는데, 많이 생산하면 희소성이 떨어져 욕구가 덜 만족스럽게 되므로 풍부함과는 거리가 멀어지게 된다는 것이다. 마샬 살린스에 의하면, 수렵채취자들은 그 어떤 것도 소유하지 않고, 자신이 갖고 있는 것에 집착하지 않고 자신들이 손에 넣은 모든 것을 나누어 가졌기에, 절대적 빈곤에도 불구하고 진정한 풍부함을 알고 있었다고 한다. 장 보드리야르(Jean Baudrillard, 프랑스 1929~2007)도 미래 사회의 특징인 장래를 생각하지 않음과 낭비성은 진정한 풍부함의 표시라고 하면서, 가진 것이 없더라도 아낌없이 낭비할 수 있는 사회가 진정 풍부한 사회라고 했다. 이들은 풍요와 빈곤은 재화의 양이 많고 적음에 있는 것이 아니라 인간 대 인간의 관계에 있으므로, 풍요로운 사회에 대한 고정관념은 수정되어야 한다고 주장했다.

■ 풍요로움이라는 것은 더 많이 축적하고 새로운 것을 더 많이 만들어 더 많이 소비하는 데 있는 것이 아니라, 내적 만족과 마음의 평화에 있는 것인지도 모른다.

5. 선욕과 갈애

인간은 필요가 충족되어도 항상 허전함을 느낀다. 소유를 통하여 공허를 메우려고 하는 것은 패인 구덩이를 메우기 위해 또 다른 구덩이를 파는 것과 같은 무의미한 반복이 될 수도 있다.

에리히 프롬은 생존을 위한 소유는 살기 위해 자발적으로 추구하는 것으로, 존재와 갈등을 일으키지 않는다고 했다. 불교에서는 생존 유지에 반드시 필요한 것으로 충족되어야 하는 욕망을 선욕(善慾 chanda)이라고 하여 생존에 필요한 것 이상의 지나친 욕망으로, 그 충족이 반드시 필요하지 않은 욕망, 갈애(渴愛 tanha)와 구분하고 있다.

인간은 필요가 충족되어도 항상 부족함을 느끼고 공허함을 메우기 위해 더 소유하고자 한다. 소유를 통하여 허전한 구석을 메우고 또 다른 소유를 추구하는 것은 패인 구덩이를 메우기 위해 또 다른 구덩이를 파는 것과 같은 무의미한 반복이 될 수도 있다.

선욕과 갈애의 구분은 생존에 필요한 수단을 확보하고, 정신적 이상과 가치를 추구하며, 생물적 생활과 정신적 생활의 조화 속에 행복한 삶을 영위해 나가야 하는 사람들에게 욕망의 방향을 제시해준다.

6. 모든 소유물은 빌린 것이다

이곡의 『차마설(借馬說)』에서는 "사람이 가지고 있는 것은 어느 것 하나 빌리지 아니한 것이 없다. 임금은 백성으로부터 힘을 빌려서 높고 부귀한 자리를 가졌고, 신하는 임금으로부터 권세를 빌려 은총과 귀함을 누리며…"라고 하여, 근원적 소유의 불가능성을 이야기했다. 그럼으로써 내 것이라는 태도보다 빌려온 것이라는 겸허한 마음가짐으로 살아갈 것을 강조했다. 이처럼 우리 조상들은 하늘의 도리에 순응하고(순천절물, 順天節物), 욕심을 버리고 자연을 즐기며 깨끗한 마음으로 덜 갖고도 만족하는 안분지족(安分知足), 소욕지족(小慾知足)의 삶을 살았다.

부귀와 명성은 말할 것도 없고 내 몸도 빌려 가진 형체에 지나지 않는다. 이 세상의 모든 것이 영원하지 않고 잠시 머물다 자연으로 돌아가는 것임을 깨닫는다면, 세상의 속박에서 벗어날 수 있다. ─『채근담』

■ 여러 종교에서는 재산이란 살아 있는 동안 신이 잠시 맡긴 것으로, 그것을 나누는 것을 당연한 행위로 여기고 있으며, 기부, 희사, 가난한 이웃을 돕는 데 쓰라고 가르친다.

아무리 비싼 물건이라도 내가 영원히 소유할 수는 없다. 이 세상과 모든 것이 영원하지 않고 잠시 머물다 자연으로 돌아가는 것을 깨닫는다면 재산은 필요 이상으로 축적하지 말고 가치 있게 사용하는 것이 좋다.

7. 소유로부터의 탈출

① - 무소유의 정신

깨지지 않도록
조심해야겠어.

도자기를 갖게 되면 그것이 깨질까 봐 걱정하게 된다. 소유가 늘어나면 사물에 얽매이게 되고 그에 비례하여 부자유도 늘어나게 되므로 대상에 대한 집착은 괴로움을 낳는다.

『무소유』에서 인용하는 "본래무일물(本來無一物)"이란 구절은 '본래부터 한 물건도 없다'는 뜻이다. 이 말은 본질적으로 내 소유란 있을 수 없다는 불교의 소유관을 말해준다. 어떤 것이 내 소유라면 그것은 언제나 나와 함께 있어야 한다. 그러나 어떤 것도 나와 영원히 함께할 수 없다면, 그 어떤 것도 나의 소유라고 할 수는 없다. 따라서 본질적으로 내 소유란 있을 수 없다.

법정 스님은 우리가 필요에 의해서 어떤 물건을 가지게 되었을 때 그 물건 때문에 신경 쓸 때가 있는데, 그것이 바로 부자유스럽게 얽매이는 것이며, 소유가 늘어나면 늘어날수록 부자유도 거기에 비례해서 늘어난다고 했다. 소유에 대한 과도한 집착은 괴로움을 낳는 것이니, 아무것도 갖지 않을 때 온 세상을 갖게 되는데, 이것이 바로 무소유의 역리이다.

소유는 우리의 눈을 멀게 하고, 분수를 모르고 들뜨게 한다.

내 것이란 아무것도 없다는 무소유의 마음을 가진다면, 본질적으로 손해란 있을 수 없다. 또 내 손해가 이 세상 어느 누군가에겐가 이익이 될 수만 있다면, 그것은 잃은 것이 아니라 얻는 것이다.

- 법정 스님

8. 소유로부터의 탈출
② - 소욕지족(少欲知足)

삶의 가치는 우리의 직위나 돈이나 재능에 의해서가 아니라, 그것으로 우리가 어떤 일을 하며 어떻게 살고 있느냐에 따라 결정된다. 크고 많은 것만을 원하면 욕망을 채울 수 없다. 욕심이 많으면 구하는 것이 많아서 번뇌도 많다. 법정 스님은 우리가 누리는 행복과 삶의 향기인 아름다움과 고마움은 크고 많은 것에서보다 작은 것과 적은 것 속에 있으므로 소욕지족(少欲知足), 즉 적은 것으로 만족할 줄 알아야 한다고 했다.

무소유를 추구하는 사람들의 생활태도는 현실을 모르는 문학가, 몽상가들의 이상 또는 현실도피로 평가절하될 수도 있다. 그러나 외적인 사물에 대한 비의존성은 행복한 삶을 위한 엄청난 자산이 될 수 있다.

더 많이 소유하려는 욕망으로 자기를 잃어버린 인간은 욕망의 다발, 알맹이 없는 양파다.
                                                                    - 입센

삶에 진짜 필요한 것은 단순함, 건강, 평화로운 마음이다. 적은 것으로 만족할 수 있다는 것, 무소유를 추구하는 사람들의 사물에 대한 비의존성은 행복을 위한 엄청난 자산이 된다.

9. 소유로부터의 탈출
③ - 프란시스코 수도사들

프란시스코 수도회 수도사들은 돈을 소유하는 것이 영혼의 구원에 방해된다고 생각하였다. 그들에게 있어 돈은 악이자 혐오 대상이었다. 그들은 영혼의 구원이라는 신성한 재화를 획득하기 위해 가난을 숭배하였다.

역사 기록에 의하면, 프란시스코 수도회 수도사들은 돈을 소유하는 것은 영혼의 구원을 방해하는 것으로서 그 자체를 악이자 혐오 대상으로 생각했다. 그들은 가난을 숭배하고 가난 속에서 안전, 사랑, 자유를 발견했다고 한다. 프란시스코 수도사들은 가난 속에서 가장 순수하고 귀중한 것을 소유하게 되었으며, '아무것도 가지고 있지 않으나 모든 것을 소유한 사람'이라고 불렸다고 한다.

게오르그 짐멜(Georg Simmel)은『돈의 철학』에서 이 역사 기록을 토대로 "가난은 영혼의 구원이라는 신성한 재화의 획득을 매개하는 것으로, 그 자체가 독자적인 가치와 권위를 지니는 심원한 내적 요구의 대상이었으며, 적극적인 소유물이자 숭배 대상으로서 오늘날 돈이 가지는 것과 똑같은 역할을 수행했다"고 기술하고 있다. 여러 종교에서는 사후에 가지고 갈 수 있는 재산은 아무것도 없고 선행, 덕(德)만이 남는다고 가르치고 있다. 이러한 관점에서 본다면 그들은 진정한 재산이 무엇인지 알고 더 적극적으로 부(富)를 추구했던 사람들이라고 할 수 있다.

■ 세상에서 가장 강한 자는 돈에 길들여지지 않은 사람이며, 그는 용기 있게 옳은 길을 갈 수 있다.

④ - 야마기시즘

야마기시즘은 1953년 일본의 야마기시 미요즈가 제창한 공동체 운동으로, 물질 추구의 삶에서 벗어나 돈이 필요 없는 사이좋은 공동체를 지향한다. 1958년 일본에 야마기시즘 공동체가 처음 탄생한 이후, 우리나라를 비롯해 스위스, 브라질, 독일, 오스트레일리아, 미국 등 세계 각국에 40여 개가 세워졌다.

이 공동체는 모든 생활과 경영을 일체로 하여 공동사회를 이루어 살아가고 있는데, 그 목적은 급료나 분배가 없는 일체 생활 속에서 사이좋게 즐겁게 살아가는 데 있다고 한다. 이 마을은 무소유(無所有)를 삶의 근본 가치로 내세우고 있는데, 이들이 내세우는 무소유는 공동 소유와는 차원을 달리한다.

살아 있는 모든 것들이 태양과 공기의 혜택을 누리고 있는 것처럼 사람들의 삶도 그러해야 한다는 것, 그리고 세상의 어떤 것도 그냥 존재할 뿐 누구의 소유물도 아니며, 누구나 사용할 수 있어야 한다는 것이 이 마을 공동체의 무소유 개념이다. 이 마을은 돈이 필요 없고, 필요한 물건은 누구나 무료로 사용할 수 있으며, 다른 야마기시즘 공동체가 물건을 필요로 할 때에도 무료로 공급해준다.

세상의 모든 것은 그냥 존재할 뿐 누구의 소유물도 아니며 누구나 사용할 수 있어야 한다는 것이 야마기시즘 공동체 마을의 무소유 개념이다. 살아있는 모든 것들이 태양과 공기의 혜택을 누리고 있듯이 인간이 삶도 그러해야 한다는 것이다.

11. 소유로부터의 탈출
⑤ - 조화로운 삶

Living the Good Life -Helen Nearing
조화로운 삶

헬렌 니어링과 스콧 니어링 부부는 자본주의와 이윤추구의 경제에서 벗어나 숲 속으로 이주하여 자연 속에서 독립적이고 자족적인 삶을 살았다. 이들은 삶에 진짜 필요한 것은 소유와 축적이 아니라 단순함, 건강, 평화로운 마음이라는 것을 보여주었다.

　헬렌 니어링과 스콧 니어링 부부는 자본주의와 이윤추구의 경제, 도시 문명이 주는 흥분과 매혹, 편의에서 벗어나, 자연 속에서 독립적·자족적인 삶을 살고자 뉴욕을 떠나 버몬트 숲 속에서 20년 동안 생활했다. 돈은 먹고사는 데 필요한 만큼만 벌었고, 필요한 것이 마련되면 더 이상 농사를 짓거나 돈을 더 벌지도 않았다. 기본 생활수단이 마련되면 사회활동, 독서, 글쓰기, 작곡 같은 취미생활 등 다른 일들에 관심을 돌려 열중했다.

　이들은 '경제 활동을 하는 목적은 먹고살기 위한 것이며 돈을 벌려는 것이 아니다. 돈은 교환수단일 뿐 그 자체를 먹거나 입거나 덮고 잘 수는 없는 것이다'라는 생각을 가지고, 먹고 사는 데 필요한 돈 이상을 벌려고 하지 않았다. 삶에 진짜 필요한 것은 단순함·건강·평화로운 마음이다. 이들은 돈의 논리 밖으로 나아가 꿈과 이상을 함께 나누는 인간다운 삶, 틀에 갇히고 강제되지 않고 삶이 존중되는 삶을 살고자 했다.

　이러한 삶의 태도에 비추어보면, 삶을 넉넉하게 만드는 것은 소유와 축적이 아니라 희망과 노력임을 알 수 있다.

① - 돈은 힘이 세다

자본주의 사회에서 사람들은 돈, 이윤을 주인으로 삼고, 돈을 좇고 돈에 쫓기고 돈의 노예가 되어 살아간다. 평범한 일상생활, 평균적인 삶을 유지하는 데도 돈이 너무 많이 소요되고, 생활 수준이 높아질수록 그 수준을 유지하기 위해 더 열심히 죽어라고 일해야 한다.

현실 속에서 돈은 너무나 힘이 세다. 돈은 물건을 구매할 수 있는 능력뿐 아니라 하고 싶은 일을 할 수 있게 해주며, 주위의 물적·인적 환경을 통제할 수 있게 해준다. 유전무죄, 무전유죄는 단순한 말장난이 아니라 현실에서도 쉽게 그 위력을 실감할 수 있다. 또 돈은 선거 기부금 등을 통하여 정치적 영향력마저 행사할 수 있게 한다. 돈은 현실 속의 절대반지이며, 돈이 없는 사람은 영혼을 팔고 싶은 유혹에 쉽게 빠지게 된다.

> 돈은 주조된 자유다. 빌어먹어야 할 만큼 가난하면 사람들은 몽둥이로 쫓겨나는 정도가 아니라, 아예 빗자루로 세상 밖으로 쓸려 버린다.
> - 도스토옙스키, 『죄와 벌』 중에서

자본주의 사회에서 이용가치가 떨어진 인간은 버려지고 소외되게 된다.

아르망의 〈장기주차장〉 (1982)

이용가치를 다하여 가차 없이 버려져 영원히 콘크리트에 갇혀 있는 폐자동차는 물질 만능주의 사회에서 버려지고 소외된 인간의 운명을 연상케 한다.

13. 돈의 위력
② - 돈은 모든 가치의 척도

자본주의 시장메커니즘에서 모든 가치는 숫자로 매겨진다. 결혼정보업체는 재산, 연봉 등을 수치로 환산하여 점수를 매기고, 인간은 계량할 수 있는 사물이나 도구가 되어 정서적 다양성이 소멸되고 만다.

에리히 프롬은 『건전한 사회The Sane Society』에서 "현대인들은 살아가는 전 과정을 자본 투자처럼 생각하고, 모든 것을 가격으로 환산하여 물건의 가치가 그에 매겨진 가격과 일치할 것이라는 기대를 가지게 되었다"고 하면서, 이러한 기대가 모든 형식에 영향을 미친다고 했다.

돈은 사물을 교환하기 위한 수단으로 만들어진 것으로, 그 자체를 먹거나 입거나 덮고 잘 수 없는 것이다. 그러나 자본주의 시장경제 체제에서 상품의 가치는 돈의 액수로 결정되며, 모든 것의 교환가치는 돈으로 환원된다. 돈은 모든 것을 가늠하는 척도가 되었으며, 이제 돈은 단순한 교환수단이 아니라 그 자체가 목적이자 권력이 되었다.

자본주의 시장경제 체제에서 모든 것의 가치는 금전적 가치로 환산된다. 돈은 단순한 교환수단이 아니라 그 자체가 목적이자 권력이 되었다.

자급자족을 통해 서로 도
우며 살아가는 사회에서
는 돈으로 대가를 치러야
할 필요성이 거의 없기
때문에 가난하다는 것을
별로 의식하지 않고 살아
갈 수 있다.

　자급자족을 통해 최소한의 필수품을 마련하고 상부상조하며 살아가는
전통사회에서는 돈으로 대가를 치러야 할 일들이 거의 없기 때문에 가난
하다는 것을 별로 의식하지 않고 살아갈 수 있다. 게오르그 짐멜은『돈의
철학』에서 가난은 일정한 화폐경제 단계에서만 나타난다고 하면서, 화폐
경제·상품경제 이전의 사회에서는 개인의 절대적 궁핍이라는 것이 매우
드물었다고 한다. 현대 자본주의 사회는 소득을 증대시키고 부를 창출해
야 한다는 패러다임 속에서 자연과 인간은 계량적으로 파악되고 있고, 그
풍부함과 다양함은 관심 밖으로 밀려나게 되었으며, 우리 삶에 내재되어
있는 참다운 풍요로움은 파괴되어온 것이다.

　관광객들이 들어오고 서구식 개발이 시작되면서 라다크 사람들은 스
스로 가난하고 박탈된 존재로 생각하게 되었고, 돈의 가치가 우위에
서게 되면서 불화가 생기고 가난하고 불편한 삶을 살아온 것처럼 자
신을 비하하게 되었다. 세계화와 자본의 힘은 빠르게 사람들을 변화
시키고 아름다운 공동체를 황폐하게 만들었다.

- 헬레나 노르베리 호지,『오래된 미래』중에서

15. 소득과 재산이 늘어나면 더 여유가 없어진다

부자가 되면 돈의 가치를 더 과대평가하게 되고 사물을 왜곡되게 바라보게 되어 마음의 여유가 없어진다.

　소득과 재산이 늘어나게 되면, 그것이 주는 이점 때문에 사람들은 돈의 가치를 과대평가하게 된다. 또 재산을 유지, 증식해야 한다는 의무감은 상실에 대한 두려움을 주어 마음속의 쉴 공간을 없앤다. 대인관계에 있어서는 타인이 자신의 재산을 노리고 접근한다고 생각하여 사물을 왜곡되게 바라보고 두려움, 의심으로 대인관계의 폭을 좁혀, 돈벌이에 도움되지 않는 사람과의 접촉 자체를 회피하게 된다.

　이렇게 하다 보면 남을 배려할 줄 모르고 자신의 이득만을 챙기게 되고, 높은 수입을 얻기 위해 자유와 자기결정권을 포기해야 하는 경우가 많다. 벌고 쓰느라 모든 힘을 소진해버리고 자신의 마음마저 잃어버리게 되면, 돈의 노예로 전락하게 된다.

■ 행복과 불행을 연구하는 심리학자들은, 재산 같은 물질적 목표를 가장 중요한 목적으로 생각하는 사람들은 걱정도 많고 우울증에 시달리며, 마약을 사용하는 일도 잦고 신체적 질병에도 더 많이 시달린다고 한다. 이들은 물질 없이 행복해지는 방법으로 예술, 종교, 문화를 즐기는 것, 더 나은 세상을 만들기 위해 노력하는 것, 검소한 삶을 살 것 등을 권유한다.

16. 돈밖에 없는 사람은 더 가난하다

　부와 명예를 독차지한 듯 보이는 유명인들은 자신의 장점을 활용하여 인생을 가치 있게 하고, 이웃과 나누고 봉사하면서 사회에 공헌할 수 있기 때문에 행복을 누릴 기회가 훨씬 많은데도, 좁은 생각에 사로잡혀 작은 시련에 굴복하여 수치심, 좌절감으로 자살에 이르기도 한다. 풍요로운 삶을 위해서는 물질적 요소뿐 아니라 인간관계, 건강, 자유, 평화로운 마음, 자연과의 일체감 등 여러 가지 요소가 필요하다. 그런데 돈의 가치를 과대평가하다 보면, 마음의 공간이 협소해지고 자유롭지 못하게 되어, 돈 걱정이 없는 대신 돈 이외의 것은 모두 걱정거리가 된다. 돈이 없는 사람은 가난하다. 그러나 돈밖에 없는 사람은 더 가난하다.

■ 행복한 부자가 되려면 자유롭고 넓은 마음, 남을 배려하고 이웃과 나누며 함께 살아가려는 마음, 정신적 풍요를 갖춘 진정한 부자가 되어야 할 것이다.

돈을 버느라 모든 힘을 소진해 버리고 자신의 마음마저 잃어버리게 되면 인간관계, 건강, 자유를 해치게 된다. 우정을 나눌 친구도, 진정 사랑하는 사람도, 추억도 없는 사람은 돈 없는 사람보다 더 가난하고 불행하다.

17. 돈으로 살 수 없는 것

> 시계는 살 수 있지만, 시간은 살 수 없다.
> 침대는 살 수 있지만, 잠은 살 수 없다.
> 약은 살 수 있지만, 건강은 살 수 없다.

　교환은 인간이라는 존재의 특징을 나타낸다. 인간은 사용가치나 유용성으로만 사는 것이 아니라, 정서적 유대관계 속에서 살고 인간다움으로 살아간다. 인간은 사랑, 우정, 의리, 정, 추억, 정의감, 애국심 등 정서적이고 돈으로 환산할 수 없는 것에 가치를 부여하며, 이러한 가치를 생명보다 더 소중히 여기기도 한다.

　선물 교환, 품앗이, 경조사 축하와 위로의 교환 등, 인간사회에서는 재화 이외에도 여러 가지 형태의 소중한 교환이 이루어지고 있다. 교환은 사회의 미덕과 평화를 가져온다.

■ 사람들은 정서와 상징, 인간미가 담긴 선물을 고가의 상품보다 가치 있는 것으로 받아들이는 경우가 많다. 88올림픽 유치 당시 독일의 바덴바덴에서 일본의 올림픽 유치 위원들이 IOC 위원들에게 고가의 일제 시계를 선물한 데 비해, 우리나라 위원들은 꽃을 사서 정성껏 꾸며서 전달했다. 정서와 상징이 담긴 선물의 교환은 그 자체가 막대한 가치를 발생시킨다. 압도적으로 불리했던 우리나라는 결국 나고야를 누르고 올림픽 유치에 성공했고, 그 후 민주주의를 발전시키고 국제사회로 도약하게 되었다.

18. 안분지족(安分知足)

　정약용의『목민심서』에서는 "얻기를 탐내는 자는 만족함이 없으니, 모두가 사치를 좋아하는 일념 때문이다. 만약 마음이 담담하여 만족할 줄 알면 세상 재물을 구해서 어디에 쓰겠는가. 청풍명월(淸風明月)은 돈으로 사는 것이 아니요, 대 울타리 띠집에도 돈 쓸 일이 없고, 책을 읽고 도(道)를 이야기하는 데도 돈이 필요하지 않으며, 자신을 깨끗이 하고 백성을 사랑하는 데도 돈이 필요하지 않다. 다만 사람을 구제하고 만물을 이롭게 하는 데는 돈을 남기지 않는 것이다. 이처럼 마음을 가다듬고 성찰하면 세상맛에서 초탈하게 될 것이니, 탐욕스러운 마음이 또 어디로부터 나오겠는가?"라고 했다.

　이처럼 우리 조상들은 하늘의 도리에 순응하고 절제하며(순천절물, 順天節物), 욕심을 버리고 자연을 즐기며, 깨끗한 마음으로 안분지족(安分知足)의 삶을 살고자 했다.

사람을 구제하고 만물을 이롭게 하는 데는 돈을 아낄 필요가 없다.

19. 소유, 돈, 재산에 관한 명언

Poverty is the parents of crime and revolution.
가난은 범죄와 혁명의 양친이다.

Lack of money is the root of all evil.
가난은 모든 악의 근원이다.

Money can't buy happiness, but neither can poverty.
행복은 돈으로 살 수 없지만, 가난으로도 살 수 없다.

Poverty is very good in poems but very bad in the house.
가난은 시에서는 좋은 것이지만, 가정에서는 대단히 나쁜 것이다.

Poverty thwarts your qualities.
가난은 재능을 좌절시킨다.

Poverty comes in at door, love flies out of window.
가난이 문 안으로 들어오면, 사랑은 창문 밖으로 달아난다.

A rich person does not have to sell his soul.
부자는 영혼을 팔지 않아도 된다.

Money is the sinew of love as well as war.

돈은 사랑의 핏줄이자 전쟁의 핏줄이다.

The more we produce, the further away we are from abundance.

많이 생산할수록 풍요로움에서 멀어진다.

많이 생산하면 희소성이 없어져서 욕구가 덜 만족스럽게 되므로 풍부함에서 멀어지게 된다.

Under the capitalistic economic system, the exchange value of all can be converted to the monetary value.

자본주의 시장경제 체제에서 모든 것의 교환가치는 금전적 가치로 환산된다.

Money is not simple means of exchange anymore, it became the purpose and power per se.

돈은 단순한 교환수단이 아니라, 그 자체가 목적이자 권력이 되었다.

People put more value on things that can not be converted to monetary value.

인간은 화폐가치로 환산할 수 없는 것에 더 가치를 부여한다.

사람들은 사랑, 우정, 추억, 정의감 등 정서적이고 돈으로 환산할 수 없는 것에 큰 가치를 부여한다. 사람은 사용가치와 유용성으로만 사는 것이 아니라, 정서적 유대관계와 인간다움으로 살아가고, 그 안에서 행복하기 때문이다.

Possessiveness stems from lack of affection.

소유욕은 애정결핍에서 나온다.   - 피에르 쌍소

An object in possession seldom retains the same charm that it had in pursuit.

소유하고 있는 대상은 그것을 추구할 때와 동일한 매력을 유지하고 있는 경우가 거의 없다.

Possession makes everything wither and fade.

소유는 모든 것을 시들고 스러지게 한다.

It is through creating, not possessing, that life is revealed.

인생은 소유에 의해서가 아니라, 창조에 의해 드러난다.

A golden key opens every door.

돈이면 안 되는 일이 없다.

The lust for money is what drives people.

돈에 대한 욕심이 사람을 움직이는 힘이다.

A wise man should have money in his head, but not in his heart.

돈을 가슴에 품지 말고, 머리에 넣고 다녀야 한다.

Wealth makes people mean rather than generous.

부는 사람을 관대하게 하기보다 인색하게 하는 일이 많다.

He who multiplies riches, multiplies cares.

부가 늘어나는 사람은 걱정도 늘어난다.

The more you possess, the less freedom you have.
When you have nothing you gain everything.

소유물이 늘어나면 부자유도 그에 비례해서 늘어나게 되므로, 아무것도 가지지 않을 때 온 세상을 갖게 된다.

이것이 무소유의 역리(the paradox of nonpossession)이다.

The saddest thing is to get used to luxury.

가장 슬픈 일은 사치에 익숙해지는 것이다.

There is no need to be frugal in saving people and benefiting the world.

사람을 구제하고 만물을 이롭게 하는 데는 돈을 아낄 필요가 없다.

Blessed are the poor in spirit, for theirs is the kingdom of heaven.

마음이 가난한 자는 복 받을 것이니, 천국은 그들의 것이기 때문이다.

People desperately save money that will eventually be taken away from them.

사람들은 장차 도로 빼앗기게 될 돈을 필사적으로 끌어모은다.

The most powerful person is the one who is not conditioned to the taste of money.

세상에서 가장 강한 자는 돈에 길들여지지 않는 사람이다.

가난은 영혼의 구원을 매개하는 것으로서, 그 자체가 독자적인 가치와 권위를 가지고 있었다.

Poverty catalyzed the acquisition of saving of soul and poverty itself carries independent value and power.

프란시스코 수도사들은 돈을 소유하는 것을 영혼의 구원을 방해하는 것으로 생각했다. 그들에게 돈은 악이자 혐오 대상이었다. 그들은 가난 속에서 자유를 발견했으며, '아무것도 가지고 있지 않으나 모든 것을 소유한 사람'으로 불렸다.

The fellow who has no money is poor; the fellow who has nothing but money is poorer.

돈이 없는 사람은 가난하다.
돈밖에 없는 사람은 더 가난하다.

To have little is to possess. To have plenty is to be perplexed.

적게 가지는 것이 소유다. 많이 가지는 것은 혼란이다.   - 노자

가장 적은 것으로도 만족하는 사람이
가장 부유한 사람이다.

He is richest who is content with least.

Make money your god and it will plague you like the devil.

돈을 신 모시듯 하면 악마처럼 그대를
괴롭힐 것이다.

욕심을 가장 적게 가진 자는
신에 가장 가까운 사람이다.

He who has
the fewest wants
is nearest to
the god.

4

경제

제4장 경제

1. 기회비용
① - 공짜 점심은 없다

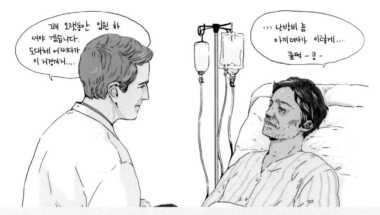

난방비를 아끼려다가 감기에 걸리면 병원에 가서 더 많은 돈을 쓰게 된다. 모든 선택에는 비용 또는 희생이 따르기 마련이므로 돈을 아끼는 것이 상책은 아니다.

자원이 한정되어 있는 경제 현실에서 모든 선택에는 비용 또는 희생이 따른다. 자원을 어느 한 곳에 사용하면 그 자원을 다른 곳에 사용할 기회를 상실하게 된다.

프랑스의 경제학자 프레드릭 바스티아(1801~1850)는 깨진 유리창 가설을 통해 모든 행동에는 기회비용이 따른다고 주장했다.

상점의 창문을 깬다 → 유리장수가 돈을 번다 → 유리장수가 빵을 산다 → 제빵업자가 신발을 수선한다

이렇게 되면 창문을 깬 사건이 마을 사람들에게 경제적 이득을 준 것 같지만, 실제로는 그렇지 않다.

상점 주인은 유리가 깨지지 않았다면 유리창을 살 돈으로 막바로 빵이나 신발을 살 수도 있었다. 그런데 유리창을 갈아야 하기 때문에 빵이나 신발을 살 돈이 없어졌다. 결국, 유리장수만 이득을 볼 뿐 나머지 마을 사람들은 이득을 본 것이 없고, 온전한 유리창만 깨지는 손해를 입었다.

■ 카지노가 생기면 사람들이 놀러 와 음식과 술을 사 먹고 숙박을 하는 등 지역 경제에 도움이 된다. 그러나 그로 인한 한탕주의 풍조, 도박 채무, 신용불량, 가정파탄 등의 문제는 상황을 악화시킨다.

　학생들에 대한 무상급식비는 국가나 지방자치단체의 예산에서 지출되는 것이므로, 국가나 지방자치단체는 한정된 조세 수입으로 책임 있는 재정 운용을 해야 한다.

　무상급식을 실시해야 하는가 아닌가 하는 문제는 무상급식을 하는 것이 옳은가 아닌가 하는 도덕의 문제가 아니라, 자원(조세 수입, 예산)이 한정된 상태에서의 경제적 선택의 문제이다.

　무상급식비가 교육예산에서 지출된다면 다른 교육예산이 줄어들어야 하고, 복지예산에서 지출된다면 저소득층 생계지원을 위한 복지예산이 줄어들 수도 있다.

　복지정책은 소득 재분배의 기능을 실현하는 방법으로 집행되는 것이 바람직한데, 전면 무상급식을 실시하는 것이 과연 소득 재분배의 기능을 하고 있는지 따져보아야 한다.

　무상급식으로 학부모의 부담이 경감되는 것처럼 보이지만, 이 비용도 결국 세금이므로 국민의 부담은 줄어들지 않고 급식의 질만 악화될 수도 있다.

　정치인들, 기타 이해관계인의 주장에 현혹되어 함부로 예산을 지출하게 되면, 결국 사회 전체가 지불해야 할 기회비용은 더 높아진다.

무상급식을 하게 되면 학부모의 부담이 경감되는 것처럼 보이지만 이 비용도 결국 세금이므로 국민의 부담은 줄어들지 않는다. 더구나 무상급식으로 급식의 질이 악화되어 아동의 건강을 해칠 수도 있고 다른 복지예산이 줄어들어 저소득층이 피해를 입게 될 수도 있다.

3. 매몰비용

프랑스의 초음속 여객기 콩코드는 막대한 연료소모, 높은 생산비, 기체결함, 소음 등의 문제가 있었으나 투입된 시간과 돈이 아까워 포기하지 못하다가 2000년 드골 공항에서의 폭발사고로 운행을 중단하였다. 콩코드 여객기의 실패는 매몰비용을 설명하는 대표적 사례로 열거되며 이 때문에 매몰비용 효과를 콩코드 효과라고도 한다.

매몰비용(sunk cost)은 투자 결정을 하고 실행한 이후에 발생하는 비용 중 회수할 수 없는 비용(함몰비용)을 말한다.

매몰비용을 과감하게 포기하지 않고 본전 생각에 투자를 계속하게 되면 막대한 손실을 가져오게 되는데, 이것을 매몰비용 오류라고 한다.

- 음식값이 아까워서 억지로 다 먹다가 배탈이 난다.
- 그동안 쏟은 정성과 노력, 데이트 비용이 아까워 불행한 결혼을 하게 된다.
- 잃은 돈이 아까워서 도박을 계속하다가 망한다.
- 비싸게 주고 샀다고 어울리지도 않는 옷을 입는다.
- 입장권 값이 아까워서 눈보라를 뚫고 야구장에 갔다가 감기에 걸린다.

인간에게는 낭비처럼 보이는 것을 싫어하고 자신의 과오를 인정하기 싫어하는 성향이 있다. 이 때문에 사람들은 돈, 노력, 시간 등을 일단 투입하면, 그것을 지속하려는 강한 경향이 있다.

예약금, 계약금, 청약금 등은 이러한 매몰비용 오류(sunk-cost fallacy)를 활용하여 시장 참여율을 높이기 위한 제도이다.

4. 가격흥정 - 잉여 빼앗기 게임

소비자는 그 물건에 대하여 지불할 용의가 있다고 생각되는 비용보다 더 싸게 살 때, 그 차액(소비자 잉여)을 자신의 이익이라고 생각한다. 반면 생산자는 이 정도면 팔아도 좋다고 생각하는 가격보다 더 많이 받았을 때, 그 차액(생산자 잉여)을 자신의 이익이라고 생각한다. 이러한 소비자 잉여와 생산자 잉여는 소비와 판매 선택의 기준이 된다.

판매자는 "어느 정도 가격대를 원하십니까? 예산이 어느 정도인가요?"라고 물어보는데, 이것은 소비자가 지불할 의사가 있는 금액을 파악하여 소비자 잉여를 최대한 빼앗으려는 전략이다. 이 경우 소비자는 정찰제 가격보다 더 비싸게 구입할 우려가 있다.

만약 소비자가 "얼마면 파시겠습니까?"라고 묻는다면, 그것은 생산자 잉여를 빼앗을 수 있는 방법이 된다. 가격흥정을 경제적으로 표현한다면, 그것은 잉여 빼앗기 게임이다.

■ 소비자는 적은 양을 구입할 때 높은 가격을 지불할 의사가 있는데, 이 때문에 판매자는 적게 구입하는 사람들에게 높은 가격을 부과하여 최대한 소비자 잉여를 빼앗고자 하며, 많이 구입하는 사람들에게는 소비자 잉여를 덜 빼앗아 이윤을 줄이는 대신 많이 팔고자 한다(예 - 놀이공원 1년 이용료, 목욕탕 정기권은 더 싸다).

판매자는 구매자에게 얼마를 지불할 용의가 있는지를 물어보는데 그것은 구매자의 능력 범위 내에서 최대한의 이익을 얻을 수 있는 가격을 제시함으로써 구매자의 소비자 잉여를 빼앗기 위해서이다.

5. 담합

가격을 담합한 후에는 그보다 가격을 낮춰 최대한 이익을 얻으려는 사람이 있기 때문에 담합이 깨지기 쉽다.

기업은 경쟁보다 담합을 즐긴다. 제 살을 깎아먹는 가격 전쟁보다는, 담합이 이윤 증대에 유리하기 때문이다. 그러나 동일 업종 종사자들이 많은 경쟁 시장에서는 담합이 이루어지기 어렵다. 이 때문에 담합은 시장 지배적 사업자가 적은 과점시장에서 주로 이루어진다. 담합은 가격을 일정 수준 이상으로 유지하거나, A는 갑 회사가 맡고 B는 을 회사가 맡는 식으로 경쟁을 포기하고 서로 나눠 먹는 식으로 이루어진다.

석유수출국기구(OPEC)는 석유 가격을 정하는 방법으로 가격에 대하여 명시적으로 담합했다. 그러나 대부분의 담합은 뒷거래에 의해 묵시적으로 이루어진다.

담합은 깨질 수밖에 없다. 일단 카르텔을 형성하여 성장 기반을 닦게 되면, 선두 업체는 차별화를 시도하기 위하여 카르텔에서 탈퇴하기 때문에 담합이 깨진다. 또 카르텔에 동참하지 않으면서 남들이 가격을 담합할 때, 반대로 가격을 낮춰 최대한 이익을 확보하려는 업체가 있기 때문에 담합이 깨진다.

담합에 의해 소비자는 비싼 가격을 지불하는 손해를 입는다. 그러나 다수의 소비자는 다른 누군가 문제를 제기할 것이라고 생각하여 권익 보호에 소홀하다.

가격 규제(price regulation)는 시장에서 결정된 가격을 무시하고 제품이나 서비스의 가격을 정부가 직접적으로 규제하는 것을 말한다. 전기, 전화, 상하수도, 교통 등은 국민의 생활에 필수불가결한 것이므로 그 가격을 자유경쟁에 맡기면 요금 인상으로 대다수 국민이 고통을 받게 된다. 가격 규제는 국민 생활의 안정과 사회문제 해결에 도움이 되고 독점 기업에 의한 자원 배분의 왜곡을 막을 수 있는 장점이 있다.

그러나 가격 규제는 수요공급의 원리에 따른 보이지 않는 손의 작동을 막아 자연스러운 가격 형성을 방해하므로, 공급 부족을 초래하여 암시장이 생기게 하는 부작용이 있다. 정부는 시장을 이길 수 없다. "정책 아래에는 대책이 있다"는 말처럼, 가격 규제에 대하여 우월한 경제 주체들은 갖가지 합법적·비합법적 대책을 강구하여 이익을 극대화하려고 한다. 이 때문에 가격 통제는 신중을 기할 수밖에 없으며, 제한적으로 실시해야 한다.

■ 이중 곡가제는 정부가 농산물을 시장가격보다 높은 가격에 구입하여 낮은 가격에 판매하는 제도이다. 이것은 재정 적자를 가중시키고 그 부담을 국민에게 전가시키는 문제점이 있다.

전기, 전화, 상하수도, 지하철 요금 등은 국민의 생활에 필수불가결한 것이므로 가격을 자유경쟁에 맡기면 요금 인상으로 대다수 국민이 고통을 받게 된다. 이 때문에 정부는 국민 생활의 안정과 사회문제해결을 위해 부분적으로 가격 규제 정책을 실시하고 있다.

7. 가격 규제
② - 가격 규제는 도시를 파괴한다

주택임대료에 대한 과도한 가격 규제는 부동산 임대업자의 이윤추구 동기를 막아 신규 주택 공급을 위축시키게 되므로 도시를 파괴할 가능성이 있다.

1970년대 미국에서는 주택임대료 통제법을 만들어 주택 소유자들로 하여금 임대료를 인상하지 못하도록 규제했다. 그러자 주택 수요는 늘었으나 주택 공급은 줄어들었고, 집주인들은 건물 관리를 제대로 하지 않아 건물이 급속히 노후화되었다.

임대료 통제로 인하여 1970년대 뉴욕에서는 도심에 빈민굴과 방치된 아파트가 늘어났다. 가격 규제는 건설업자나 부동산 임대업자의 이윤추구 동기를 막아 합리적인 가격대의 질 좋은 주택의 공급을 줄어들게 했다.

1696년 영국에서는 창문이 여섯 개 넘는 주택에 창문세를 부과했다. 그때는 유리가 워낙 비싸 창문이 많은 집이 부의 상징으로 여겨졌기 때문이다. 창문세가 부과되자 사람들은 창문을 벽돌로 틀어막거나 건물에 창문을 달지 않았다. 그로 인해 영국 건물들의 외형은 기형적으로 변해버렸다.

미국에서는 19세기 말 집의 층수를 기준으로 세금을 매겼다. 그러자 미국 뉴올리언스에서는 낙타 등 모양의 독특한 주택들이 건축되었다. 그로써 입구에서 볼 때는 1층이고 뒤에서 보면 여러 층인 기형적인 집들이 탄생했다. 결국, 정부의 가격 규제는 도시만 파괴하게 된 것이다.

③ - 가격 규제가 초래한 재앙

　프랑스 혁명정부의 독재자 로베스 피에르는 "모든 프랑스 아동은 우유를 마실 권리가 있다"고 선언하면서 우유 가격을 내리라고 명령했다. 그러자 수지타산을 맞추기 어려워진 우유업자들은 소를 도살하여 고기를 팔게 되었다. 그 결과 우유 공급량이 오히려 줄어들게 되었으며, 암시장에서는 우유 가격이 치솟았다.

　로베스 피에르가 목축업자들을 불러 우유 가격 폭등의 이유를 물으니, 이들은 "건초값이 너무 비싸 소를 키울 수 없다"고 둘러댔다. 그러자 로베스 피에르는 "그러면 건초값도 내리라"고 명령했다. 그 후 건초업자들은 수익이 나지 않는 건초 밭을 불태워버렸다. 소에게 먹을 건초가 없어지자 우유 생산량은 더욱 줄어들어, 프랑스 아동들은 결국 우유를 더 먹지 못하게 되었다.

　우리나라에서는 낙도 주민들을 위한다는 명목으로 낙도로 가는 편도 요금을 소요 비용의 20~30% 정도 선으로 묶어두었다. 부족한 요금 때문에 정부 보조금으로 연명하는 업체는 정원을 초과하여 승객을 태웠고, 그로 인해 침몰사고로 100여 명이 목숨을 잃었다. 주말 낚시꾼과 섬 주민을 구분하지 않고 무리하게 가격 규제를 함으로써 참사의 비극이 일어나게 된 것이다.

섬 주민들을 위한다는 명목으로 배 운임을 지나치게 규제하면 운송업자는 이익을 남기기 위해 낡은 배에 초과인원을 승선시키게 되어 대형사고를 야기할 수도 있다.

9. 가격 규제
④ - 최저 임금제

모텔 근무자는 쉬는 시간이 많기 때문에 시간당 급료가 적은 경우가 많다. 이들에게 최저 시급 기준을 적용하면 모텔주인은 비용 때문에 고용을 기피하게 되고 무인시스템으로 전환하게 된다.

최저 임금제는 이것은 노동력 착취를 못 하도록 임금의 최저 수준을 정함으로써 근로자를 보호하기 위한 취지에서 제도화된 것이지만, 아래와 같은 여러 가지 문제를 초래한다.

- 임금 상승분에 대한 사회적 손실은 국민이 부담해야 한다.
- 최저 임금제는 취업 기회를 박탈하고 실업을 발생시킨다. 예컨대 고령자들은 자신의 경험을 썩히지 않고 은퇴 후에도 계속 일을 한다는 자부심, 봉사 정신으로 적은 임금을 감수하고 일을 하고자 해도, 최저 임금제가 그 취업을 가로막는다. 반대로 경험이 부족한 청년은 경험을 쌓기 위해 적은 임금을 감수하고도 일하고자 하나, 최저 임금제로 인하여 그것이 어려워진다.
- 일의 특성상 업무가 불연속적이고 쉬는 시간이 더 많은 근로자(예컨대 숙박업소 관리인)에게 시간당 최저 임금을 적용하면 비용 때문에 채용이 어렵게 되고, 무인 시스템으로 전환되어 실업이 발생하게 된다.
- 최저임금법으로 인해 낮은 임금으로 일하기를 원하는 자들은 불법 취업을 할 수밖에 없고, 노동의 암시장이 형성되는 문제점이 생긴다.

결국 최저 임금제로 혜택을 받는 사람은 노동에 비해 훨씬 낮은 보수를 받는 사람들, 젊고 숙련된 노동자 등 소수에 불과하게 된다.

⑤ - 맞춤형 가격 규제의 필요성

　2014년도 노벨 경제학상 수상자인 프랑스의 장 티롤 교수는 규제 당국이 기업들에 대해 비용감소를 유도하려고 가격 상한선을 두거나 기업 간의 담합을 금지시키지만, 이는 결과적으로 기업의 초과적인 이익을 용인하게 되는 결과를 가져온다고 했다. 즉 기업들은 혁신 등을 통해 실제로 비용을 감소시킨 후에도 가격을 내리지 않고, 규제 당국이 용인한 수준의 상한선을 계속 유지하며 큰 이득을 본다는 것이다.

　따라서 독과점을 규제하려면 일반적인 원칙이 아니라, 각 기업이 속한 산업과 시장의 특수성을 고려한 맞춤형 규제 방식이 필요하다고 했다. 그는 특히 네트워크 효과가 존재하는 양면 시장, 다면 시장에서의 가격 규제는 전통적인 시장과 같아서는 안 된다고 주장했다.

　예컨대 휴대전화 시장은 보조금을 받는 집단과 돈을 내는 집단이 따로 존재하는 양면 시장인데, 이 경우 공급업자, 이동통신사, 대리점이 하나의 플랫폼에서 경쟁을 통해 서비스의 질을 높이고 모두가 이익을 얻는 최저가격 구조가 정착되도록 규제 방식을 바꿔야 한다고 했다.

휴대전화 시장은 휴대전화를 파는 집단(제조사), 돈을 내는 집단(통신회사)이 따로 존재하는 다면 시장이다. 이러한 시장에는 전통적 시장에 대한 가격 규제 방식을 그대로 적용할 수 없고 그 방식을 바꿔야 한다는 이론이 있다.

11. 보이지 않는 손

① - 시장메커니즘

인간은 거래를 통해 필요한 것을 서로 얻게 된다. 애덤 스미스는 우리가 식사할 수 있는 것은 정육점 주인, 양조장 주인, 빵집 주인의 자비심에 의한 것이 아니라, 각자가 자신의 이익을 추구하기 때문이라고 했다.

인간은 자신의 안전과 이득을 의도함으로써 보이지 않는 손에 이끌려, 전혀 의도하지 않은 목적(사회나 공중의 이익)을 증진시키게 된다.

애덤 스미스는 위와 같은 사고방식을 기초로 경제 활동의 자유를 옹호했고, 국가의 개입은 국방 등 최소한의 역할에 그쳐야 한다고 주장했다.

- 애덤 스미스가 말한 '보이지 않는 손'에 대해서는 후대의 학자들이 그것을 수요와 공급에 의해 가격이 결정되는 시장 메커니즘이라는 것을 밝혀냈고, 그것이 자유방임 경제 사상(the idea of laissez-faire economics)의 토대가 되었다.

- '보이지 않는 손'은 자본주의 경제 체제의 작동원리를 설명한 것일 뿐, 개인의 행동윤리를 제시한 것이 아니라는 점에 유의할 필요가 있다.

인간은 자신이 가지고 있는 자산을 활용하여 생산 활동을 하고 거래를 통해 필요로 하는 것들을 서로 교환한다. 우리가 식사할 수 있는 것은 농부나 어부의 자비심에 의한 것이 아니라 각자가 자신의 이익을 추구하기 때문이다.

건강한 닭을 키워
영양가 높고 신선한 달걀과
닭고기를 소비자에게
전달 해줘야겠.

애덤 스미스가 주장한 '보이지 않는 손'은 이기주의와 자유방임주의를 찬양한 것이 아니다. 애덤 스미스는 모든 사람이 정의감, 도덕 의식을 가지고 선의의 경쟁을 함으로써 타인의 행복에 기여할 때 사적 이익 추구가 정당화될 수 있다고 하였다.

애덤 스미스가 『국부론』에서 인간의 본성과 관련하여 주장한 '보이지 않는 손'은 국가의 규제를 배격하고 이기주의와 자유주의를 찬미한 것으로 평가되나, 애덤 스미스는 자유방임 경제 체제 하에서 모든 사람은 '정의의 원칙'을 위반하지 않는 한도 내에서 근면과 자본을 바탕으로 '선의의 경쟁'을 할 수 있다고 했다. 또 사회 전체의 안정을 위협하는 개인의 자유 행사는 법률에 의해 제한되어야 한다고 주장함으로써 자유주의를 무작정 찬미하지는 않았다.

또한, 애덤 스미스는 그의 『도덕감정론』에서 인간이 아무리 이기적이라 하더라도 그 본성에는 타인의 운명에 공감하고 타인의 행복을 위해 노력하려는 근본적 기질이 존재하며, 그 대가로 인간이 얻는 것은 자기만족 이외에 다른 아무런 이득도 없다고 했다. 그러면서 욕망의 실현 과정에서 얻어진 부가 개인의 도덕적 의지에 의해 사회적으로 재분배될 때, 인간의 사적 이익 추구는 정당성을 지닐 수 있다고 주장했다.

애덤 스미스의 『국부론』은 이기심이라는 기름이 경제라는 기어(gear)를 잘 돌아가게 한다는 자본주의의 작동원리를 설명한 것일 뿐, 자본주의 시대를 살아가는 개인 행동윤리의 방향을 제시한 것은 아니었다.

13. 공유지의 비극

공유지의 비극(The tragedy of the commons)은 1968년 생태학자 개릿 하딘 (Garrett J. Hardin)이 『사이언스』지에 기고한 글에서 사회적 딜레마를 표현한 말이다. 개방된 목초지에 목동들이 이익을 극대화하기 위해 최대한 많은 수의 양을 기르고자 한다면, 목초지의 수용 능력을 넘는 과잉 방목이 이루어져 결국 모두가 피해를 입게 된다는 것이다.

주5일 근무제를 실시하고 삶의 질과 건강을 추구하는 풍조가 형성되자, 정부에서는 북한산 국립공원 입장료를 폐지했다. 그러나 방문객이 두 배로 늘면서 생태계 파괴가 가속화되었고, 복구비용이 늘어나게 되었다.

이렇듯 누구에게나 접근이 허용되는 공공재의 경우 항상 무임승차자 (free rider)가 발생하게 되며, 이 경우 공공재의 남용으로 환경오염, 자원고갈, 지구 온난화 등의 문제가 발생하여 사회적 비용이 증가하게 된다. 또한 개인의 욕망과 이기심으로 인해 사회적 공공성이 위협받게 된다. 이것은 개인의 합리성 추구가 반드시 공공의 이익으로 이어지는 것은 아니라는 사실을 보여준다.

누구나 접근할 수 있는 목초지에 목동들이 자신의 이익을 극대화하기 위해 최대한 많은 수의 양을 기르고자 한다면 목초지가 황폐하게 되어 모두가 피해를 입게 된다.

공원과 같은 공공재는 비용을 지불하지 않는 사람들에게도 그 이용을 막을 수가 없다. 이 때문에 무임승차의 문제가 발생하게 되어 공공재를 함부로 다루는 현상이 발생하게 된다.

목마른 자가 샘을 판다. 이렇게 해서 우물이 생기면 샘을 파지 않은 사람들도 땀 흘리지 않고 물을 마실 수 있게 된다.

여러 사람이 협력해서 일하면 모두에게 이익이지만, 대부분은 다른 사람의 노력에 편승하여 무임승차의 이익을 얻으려는 경향이 있다. 이것은 원래 게임이론에서 연구된 주제였는데, 사회학자들은 이를 공공재의 문제에 적용시켰다.

국방 서비스, 치안 서비스, 공원 등 국민이 공동으로 소비할 수 있는 재화나 서비스(공공재, 公共財)는 비용을 지불하지 않은 사람도 이용할 수 있다. 그렇기 때문에 무임승차의 문제가 발생하게 되고, 그 결과 모럴 해저드로 인하여 공공재를 함부로 다루는 현상이 발생한다.

이 때문에 공공재의 공급을 민간업자가 맡게 될 경우 회사는 개발비, 유지비를 감당할 수 없어 망할 수밖에 없게 된다. 그래서 공공재는 정부가 공급할 수밖에 없고, 국방·치안 서비스 등은 사용자에게 이용료를 부과하지 않고 세금으로 이를 충당하고 있다.

15. 시장의 자유와 정부의 개입

① - 고전경제학

> 1929년의 대공황은 주식시장 붕괴, 공장가동 중단, 은행 파산, 실업자 증대, 빈곤층 증대로 이어져 보이지 않는 손은 작동을 멈추었고 이것은 자유방임주의 경제의 한계를 보여주었다.

고전경제학에서는 인간의 이기심에 바탕을 둔 자유로운 경쟁에 의해 사회가 발전할 수 있다고 믿었다. 즉 보이지 않는 손의 조화로운 작용에 의해 자연스럽게 수요와 공급은 조절될 것이며(애덤 스미스), 공급은 스스로 수요를 창출하게 되므로(세이의 법칙) 이를 통해 생산과 판매량이 조절되고, 적절하게 고용이 창출되어 자본주의가 순탄하게 발전할 수 있을 것이므로, 정부의 개입은 시장의 조화로운 질서를 어지럽히게 될 것이라고 보았다.

그러나 1917년 러시아 대혁명으로 자본주의는 위기를 예고하게 되었고, 1929년의 대공황은 주식시장 붕괴, 공장가동 중단, 은행 파산, 실업, 빈곤층 증대로 이어졌다. 그로써 보이지 않는 손은 작동을 멈추고 시장의 자율적 조절 능력을 신뢰하는 자유방임주의 경제의 한계를 보여주었다.

자유경쟁으로 상품이 대량생산되자 이윤이 감소했고, 이윤 감소는 투자 부진, 고용 부진, 노동자의 궁핍으로 이어져 상품 판매가 부진하게 되고, 생산이 중단되고 기업이 도산하게 되어 대공황이 발생했던 것이다.

16. 시장의 자유와 정부의 개입
② - 시장의 실패

 시장은 사람들이 저마다의 목표를 좀 더 짧은 시간에 이룰 수 있도록 도와주는 일종의 조정 기구다. 시장은 우리의 삶을 구성하는 필수적인 요소이며, 우리 삶은 가장 사적인 선택마저도 시장 원리에 의해 움직이는 경우가 많다. 식량, 부동산, 직업, 금융, 결혼, 등 모든 것이 시장 원리에 의해 작동된다.

 그러나 실제로는 자원이 효율적으로 배분되지 못하여 시장이 제 기능을 하지 못하게 되는 경우가 발생하는데, 이것을 시장의 실패라고 한다.

 독과점 기업은 생산량을 조절하여 독점 가격을 매겨서 큰 이익을 얻고, 공공재는 무임승차자가 발생하며, 기업은 비용절약을 위해 폐수를 무단 방류하여 환경을 오염시키는 등, 위법행위로 외부 불경제 효과를 발생시킨다. 이런 것들이 바로 시장의 실패이다. 인간의 탐욕은 언제든지 시장의 실패를 만들어낼 수 있다.

■ 사회에서는 젊고 유능한 청년, 미모의 재원인 처녀가 바쁘기 때문에, 시시콜콜한 이야기를 좋아하지 않기 때문에, 사회성이 없고 파티에 참석할 기회가 없기 때문에 짝을 찾지 못한다. 이런 것들도 시장의 실패로 볼 수 있다.

기업은 비용절약을 위해 폐수를 무단 방류하여 환경을 오염시킬 수 있다. 이것은 자유로운 경쟁에 의한 사익 추구와 보이지 않는 손이 언제나 공익을 창출하는 것은 아니라는 것을 보여준다.

17. 시장의 자유와 정부의 개입
③ - 수정자본주의

케인즈는 1917년의 러시아 혁명과 1929년의 대공황 사태를 보면서, 시장경제가 옳다는 신념만으로는 부족하고, 노동자들이 급진화되는 것을 막기 위해 자본가들의 양보 조치가 필요하다고 생각했다. 그리하여 대규모 실업방지, 노동자 임금인상, 기초적 복지제도의 확충, 민간기업의 투자를 촉진할 수 있도록 이자율을 인하할 것을 주장했다.

케인즈는 위기에 빠진 자본주의를 구하기 위해서는 개인의 이기심에 의존할 것이 아니라, 정부의 적극적 개입이 필요하다는 신념 하에 세율과 이자율을 인하하여 투자를 촉진하고, 투자의 사회화로 대규모 국책사업과 공공사업을 일으켜 고용을 촉진하고, 노동자의 임금을 보장해주어 소비성향을 끌어올려 유효 수요를 증대시켜야 한다고 주장했다.

그 후 루스벨트 대통령의 뉴딜정책 및 다양한 공공시설 투자사업, 실업자 구제 정책을 통해 노동자들의 구매력이 회복되었다. 실질적 구매 능력을 가진 소비자들이 생겨나자 공장은 다시 가동되었고, 자본주의의 숨통이 트이게 되었다. 케인즈는 자본주의 세계의 구원투수로 등장하여 슈퍼세이브를 기록했다. 케인즈의 정책은 그 당시로서는 유효 적절했다.

1929년대의 대공황이 자유방임주의 경제의 한계를 보여주게 되자 미국 정부는 대규모 국책사업과 공공사업을 일으켜 투자와 고용을 촉진하고 유효 수요를 증대시켜야 한다는 케인즈의 주장을 받아들여 뉴딜정책을 시행하였다.

시장에 정부가 인위적으로 개입하여 중앙집권적 계획경제, 통제경제를 실시하게
되면 독재로 이어져 국민을 노예로 만들 우려가 있다.

하이에크는 인간은 사회적 목표나 공동의 이익이 어떤 것인가를 측정
할 수 있는 기준 또는 윤리 규범을 갖고 있지 않으며 제한된 정보와 지식
만을 가질 수밖에 없는 자본주의 사회에서는 인간의 한계가 그나마 극복
되고 조절되는 기구가 바로 시장이라고 했다.

하이에크에 의하면, 실업자를 줄이려는 노력이 오히려 고용을 어렵게
만들어 대량실업 사태를 야기하듯이, 시장에 정부가 인위적으로 개입하
면 오히려 일을 그르치게 되고, 중앙집권적 경제 계획에는 독재가 필연적
으로 따르게 되므로 민주주의에 장애가 된다.

하이에크는 시장에 정부가 개입하려는 경향을 단호하게 배격해야 하
며, 경제 통제는 성장과 발전을 저해하고 어떤 독재보다 개인의 자유를
더 철저히 파괴하여 노예로 만들 것이라고 주장했다.

■ 하이에크는 1930년대 케인즈와의 논쟁에서 패배했다. 그러나 2차 세계대전 후의 호황
이 막을 내리고 1970년대 스태그플레이션, 1980년대 구소련과 동독 등 사회주의 국가
들의 몰락으로 케인즈 정책이 한계를 드러내자, 그의 이론이 각광받게 되었다. 영국의
대처 수상과 레이건 행정부는 하이에크의 자유주의 노선을 추종하여 위기를 극복하게
되었고, 경제의 패러다임은 다시 전환되었다.

19. 시장의 자유와 정부의 개입

⑤ - 자유와 개입의 반복

경쟁의 원리에 입각한 자유시장 경제는 개인의 지나친 사익 추구로 빈부 격차, 불평등, 환경오염 등의 폐해를 드러내어 정부의 시장개입을 초래하였다. 그러나 정부의 개입은 시장의 실패라는 또 다른 문제를 만들어낸다.

케인즈 경제학에 따른 과도한 국가 개입과 복지정책으로 기업투자가 위축되고 근로 의욕이 저하되어, 1970년대 경제가 침체되고 사회 활력이 저하되었다. 그러자 이를 해결하기 위해 국가 개입을 최소화하고 시장경제를 강화해야 한다는 주장이 설득력을 얻게 되었다. 이러한 주장과 이를 반영한 경제 정책을 총칭하여 신자유주의라고 한다.

그러나 신자유주의 역시 빈부 격차 증대, 불평등, 환경오염, 다양성 파괴 등의 문제점을 드러내어 또다시 국가 개입의 필요성이 대두되고, 경제는 다람쥐 쳇바퀴 속에 갇힌 신세가 되었다.

그런데 정부의 개입은 시장의 실패라는 또 다른 문제를 만들어낸다. 정치인들의 무능과 부패는 시장의 효율성을 떨어뜨려 정부의 실패를 낳게 되는 것이다.

■ 자본주의와 자유시장의 불완전성은 언제든지 위기를 불러오고, 시장의 실패와 무질서를 극복하기 위한 인간의 노력은 계속된다. 우리는 문제 해결을 위한 대책은 또 다른 문제를 만들어내는 거대한 순환구조의 경제 체제 안에 살고 있다.

성장론은 일단 파이의 크기를 키우고 난 다음에야 나눌 수 있다고 주장하는 이론이다. 성장론을 주장하는 자들은 계속적인 성장을 통해 늘어난 소득을 확산시킴으로써 빈부 격차 문제를 해결할 수 있다고 한다. 성장을 통해 투자가 활성화된다면, 경기가 회복되어 결과적으로 일자리가 늘어나고, 상대적 빈곤과 절대적 빈곤을 함께 해결할 수 있다고 본다.

성장론자들은 경제 효율이 떨어지는 분배보다는, 투자를 활성화하고 일자리를 창출하여 내수를 늘리는 방향으로 나아가야 한다고 한다. 성장론의 주요 논거는 다음과 같다.

- 분배를 강조하면 사회 구성원의 성취 동기가 떨어져 기업들의 경제 활동이 위축되고, 기업의 경쟁력도 낮아진다.
- 분배 중심의 정책을 펴면, 자본이 해외로 빠져나가는 현상이 가속화되거나 기업들의 음성적 투자가 활발해져, 경제 상황이 더욱 악화될 것이다.
- 분배를 우선하게 되면, 사람들이 일할 능력을 갖추었는데도 일을 하지 않는 현상, 이른바 복지병이라는 폐해가 생겨난다.

더 큰 파이로 만들어서 나누자

.....
좋아.

성장론자들은 일단 파이의 크기를 키우고 난 후에야 파이를 여러 사람과 나눌 수 있는 분배도 가능하다고 주장한다.

21. 성장과 분배

② - 분배론

경제성장을 통해 파이가 커졌는데도 분배가 개선되지 않으면 불만이 누적되어 사회불안으로 경제성장의 동력을 잃게 되고 삶의 질이 악화된다.

파이에 무슨 일이 있었던 거지?

… 나도 모르겠—.

H2V

분배론자들은 경제성장을 해도 분배가 제대로 이루어지지 않으면, 결국 사회 구성원의 구매력이 떨어져 경기가 나빠진다고 한다. 소득 저하와 불평등으로 인한 사회적 불만은 경제·사회·정치적인 불안으로 귀결된다. 그러므로 부익부 빈익빈 현상을 부채질하는 성장 위주의 정책은 옳지 않고, 성장이 다소 둔화되더라도 적극적인 복지정책을 펼쳐 서민들의 삶의 질을 향상시켜야 한다. 그럼으로써 수요를 창출하고, 수요 창출을 통해 장기적으로 경제성장을 꾀해야 한다고 한다. 분배론자들의 주요 논거는 다음과 같다.

- 성장을 우선시하면 부가 상위계층에 집중되고 성과 지상주의로 인한 부정과 편법이 횡행한다.
- 분배가 제대로 이루어지지 않으면 국민의 삶의 질 향상, 나아가 국민의 능동적인 사회 참여를 기대하기 어렵다.
- 고소득층의 소득이 실제로 저소득층으로 확산되어 분배 문제가 해소된 적은 역사상 한 번도 없었다. 빈부 격차 해소는 경제성장으로 해결할 수 없으며, 안정적 경제 질서를 형성하고 구성원들의 삶의 질을 향상시켜야 한다.

③ - 허쉬만의 터널효과

허쉬만은 분배를 무시한 채 성장만 계속 추구하면 마침내 효율성이 떨어져 성장이 저하된다는 것을 터널 통과에 비유하여 설명했다.

후진국에서 선진국에 이르는 과정을 2차선 일방통행의 긴 터널을 벗어나는 것이라고 가정한다면, 처음에는 두 차선 중에 어느 하나가 움직이면, 다른 차선에서 기다리는 사람도 자기의 차량이 곧 진행할 것이라고 기대한다, 하지만 계속 다른 차선만 움직이고 자기 차선의 정체가 계속되면, 불만이 쌓이게 된다.

심지어 터널 앞에서 차량 소통을 규제하는 교통경찰을 불신하게 된다. 그 결과 불만에 찬 운전자가 교통 법규를 무시하고, 뒤이어 많은 운전자 역시 법규를 무시하게 됨에 따라, 터널 속은 더욱 혼잡해지고 정체가 심해지고 만다.

경제발전 초기에는 소득 불평등을 감내하며 견디지만, 소득 불평등을 분배 개선으로 충족시키지 못한다면 사회 불안으로 경제성장의 원동력을 잃게 된다. 심화된 빈부 격차는 정부 불신, 위법·탈법 행위를 초래하여 결국 국가의 경제성장을 가로막는 요인이 된다는 것이다.

터널로 연결되는 두 개의 차선 중 다른 차선의 차는 씽씽 달리는데, 한쪽 차선만 교통정체로 막혀 있게 되면 그 차선의 사람들은 불만이 커져서 교통경찰을 불신하게 되고 교통법규를 위반하게 된다. 허쉬만의 이 비유는 성장 위주 정책으로 경제가 발전한 후에도 분배 개선이 이루어지지 않는다면 사회·정치적 불만으로 결국 경제성장의 동력을 잃게 된다는 것을 설명해 준다.

23. 성장과 분배
④ - 포기할 수 없는 두 마리 토끼

　현대 사회에서 우리는 성장과 분배 그 어느 것도 포기할 수 없다. 성장 없는 질 좋은 삶이 더 행복하다는 것은 이상론에 가까우며, 급변하는 국제 정세 하에서 성장을 포기하는 것은 국가 경쟁력의 저하로 이어진다. 한편 인간다운 사회를 건설해야 한다는 점에서 성장제일주의 역시 많은 문제점을 내포하고 있다.

　현실적으로 성장과 분배를 동시에 추구할 수 없는 것이라면, 어느 때는 성장을, 어느 때는 분배를 우선적으로 추구할 수밖에 없다, 파이가 없을 때는 파이를 만들어 키워야 하고, 배가 고파 불만이 쌓이고 사기가 저하되면 언젠가 분배를 해야 하고, 나눠 먹다가 경쟁력이 떨어져 뒤처지게 되면, 다시 성장하지 않으면 안 될 시점이 도래한다. 분배를 통한 성장, 또는 성장을 통한 분배 중 어떤 것을 선택하느냐는 한 나라의 경제 상황에 달려 있다.

■ 성장의 목표는 빈곤을 극복하고 복지를 향상시켜 삶의 질을 높이는 것이어야 한다.

■ 한번 파괴된 사회윤리는 회복하기 어려우므로 도덕적 자산을 훼손하는 성장은 바람직하지 않다. 분배 정책을 통해 서로 신뢰하고 협동심을 발휘할 수 있는 사회가 되도록 해야 한다.

성장 없는 질 좋은 삶은 이상론에 가까우며 분배 없는 인간다운 사회도 있을 수 없다. 우리는 성장과 분배 그 어느 것도 포기할 수 없다.

24. 게임이론
① - 시장은 시장의 원리로만 굴러가지 않는다

인간은 심리적 영향을 강하게 받는 존재이므로 의사결정을 할 때 타인의 상황을 고려한다. 인간은 합리적으로 행동한다는 경제학의 기본전제는 틀렸으며 시장은 시장의 원리로만 굴러가지 않는다.

경제학에서는 인간은 합리적으로 행동하고 모든 경제 문제에 있어서 비용의 최소화와 효용의 극대화를 꾀한다고 보는데, 현실적으로는 그렇지 않다.

인간은 심리적 영향을 강하게 받는 존재이므로 의사결정을 할 때 타인의 상황을 고려한다. 타인의 상황을 고려할 때 각 개인이 자신의 효용을 극대화하기 위해서 어떤 전략을 구사해야 할지를 분석하는 이론이 게임이론이다.

시장은 사회적 가치, 공평함, 문화적 태도 등 다양한 비시장적 요인이 함께 맞물려 돌아가고 있다. 즉 시장은 시장의 원리로만 굴러가지 않는다.

■ 영화 〈뷰티풀 마인드(Beautiful Mind)〉에 나오는 주인공 내시(Nash)는 친구들과 술집에 갔다가 아름다운 아가씨를 발견하게 된다. 이 경우 모두가 그녀에게 접근하는 것이 각자에게 합리적인 선택이나, 그럴 경우 우정은 깨지게 된다. 합리적 선택은 우정이라는 비시장적 요인에 의해 영향을 받는다. 영화의 주인공 내시는 내시 균형(Nash Equilibrium)이라는 개념을 생각해냄으로써 게임이론의 발전에 기여했다.

25. 게임이론

② - 죄수의 딜레마

공범자는 상대방의 범죄 사실을 밝혀주면 감형시켜준다는 수사관의 말을 듣고 다른 공범자의 죄를 털어놓게 되고 결과적으로 두 명 모두 중형을 선고받게 된다. 이것은 인간이 최선의 선택을 위해 고민하다가 불안과 이기심 때문에 서로 협력하지 못하고 최악의 상황을 맞이하게 되는 것을 보여준다.

죄수의 딜레마(Prisoner's dilemma)라는 게임에서 두 용의자는 최선의 선택을 위해 고민하다가, 불안과 이기심 때문에 서로 협력하지 못해 최악의 상황을 맞게 된다.

즉 두 사람의 용의자가 모두 자백하면 5년, 1명만 자백하면 10년, 모두가 자백하지 않으면 증거 불충분으로 석방되는데, 두 사람은 상대방의 범죄 사실을 밝혀주면 감형시켜준다는 수사관의 유혹에 빠져 공범자의 죄를 털어놓게 된다. 그리고 결과적으로 두 사람 다 10년의 중형을 서로 받게 된다는 것이다.

이때는 개인적 관점에서의 합리적 선택이 모두에게는 가장 불리한 결과를 초래하는 역설적 상황을 맞이하게 된다. 이것은 인간의 이기심 추구의 한계를 보여준다. 이기심을 추구하다 보면 신뢰 상실로 손실을 입게 될 수도 있다는 점을 간과해서는 안 된다.

■ 인간의 이기적 행위가 사회 전체의 이익을 가져온다는 고전경제학의 가정은 틀렸다. 신뢰는 사회적 자본이며, 인간은 신뢰, 협동, 단결을 통해 더 많은 이익을 낼 수 있다.

　두 기업이 모두 담합 가격을 매기면 3억 원씩 순이익이 발생하고, 할인 가격을 매길 경우 1억 원씩의 순이익이 발생한다고 하자. 그럴 때 한 기업만이 할인 가격을 매긴다면, 시장 점유율을 대폭 잠식하여 다른 한 기업의 순이익은 0이 되고, 배신한 기업은 4억 원의 순이익을 얻게 된다.

　두 기업이 서로 상대의 태도를 알 수 없을 때는 할인 전략을 선택하는 편이 낫다. 굶는 것보다는 적게 먹는 것이 낫다는 생각에서 할인 전략을 선택하면, 상대방이 할인 전략을 선택하는 경우에도 최소한 1억 원의 이윤은 얻을 수 있기 때문이다.

　담합 약속을 깨고 배신하면 우선은 4억 원의 이익을 얻겠지만, 내년부터는 상대 기업의 할인 공세 때문에 경쟁이 심화되어, 1억 원의 이윤만 얻게 된다. 따라서 담합을 깨서 이익 극대화를 꾀하기보다 유지하는 것이 장기적으로는 더 이익이다. 두 과점 기업은 미래에 있을 응징과 보복의 위협 때문에 협력과 상생이 가능하다는 것이다.

■ 이것은 개개인의 자기 이익만을 추구하는 비협조 균형상태보다 서로 상대방을 배려하는 협조 균형상태가 사회 전체적으로는 이익이 될 수 있다는 것을 보여준다.

과점기업은 장래에 있을 응징과 보복의 위협 때문에 담합을 한다. 그러나 기업은 이익 극대화 전략을 택하기 때문에 담합이 끝까지 유지되기는 어렵다.

27. 게임이론

④ - 블러핑 전략

블러핑 전략이란 자신의 능력을 과장해서 상대방을 겁먹게 만드는 것으로, 일부 기업이 경쟁사의 추격을 피하기 위해 이행하지도 않을 막대한 투자 계획을 발표하는 것 등이 그 예이다. 이 전략으로 기업은 막대한 투자와 노력 없이도 이익을 챙기거나 성공적인 협상을 이끌어낼 수 있다.

이 같은 전략을 단 1회만 구사한다면 매우 효과적이라는 한 경제연구소의 연구 결과가 있다. 예를 들어, 선두 기업은 '새로운 혁신 제품 개발을 이미 마쳤다'는 거짓말을 함으로써 후발 업체의 추격 의지를 꺾어놓을 수 있었다. 경쟁력이 강한 대기업이 자신의 분야에 신규 진출을 모색할 때 이 전략은 효과를 발휘했다고 한다.

- 냉전 시대 미국과 소련은 서로 상대의 정보에 어두웠기 때문에, 군사력을 감축하면 상대의 공격에 당할 수도 있다는 생각에서 막대한 군비 경쟁을 하지 않을 수 없었고, 이것이 경제발전에 심각한 부담을 주었다.

- 국제사회가 북한의 군사적 상황을 정확히 몰랐기 때문에 북한은 북핵 문제로 상당 기간 이득을 얻을 수 있었다. 그러나 계속적인 블러핑 전략은 실효성이 없다.

자신의 능력을 과장해서 상대방을 겁먹게 하는 블러핑 전략은 막대한 투자와 부단한 노력 없이도 큰 이익을 챙기거나 성공적인 협상을 끌어낼 수 있다. 그러나 이 전략을 자주 쓰면 통하지 않는다.

사람들은 적게 받고 기분이 상할 바에는 차라리 안 받는 것이 낫다고 생각한다. 경제학자들의 생각과는 달리 인간은 결코 합리적이지 않으며 감정에 휘둘리는 비합리적 존재이다.

어떤 사람이 다른 사람에게 친구와 나눠 가지라며 친구 앞에서 10만 원을 주었다. 이 때 '만약 친구가 자신에게 돌아올 몫이 너무 적어 돈 받기를 거부한다면, 둘 다 돈을 가질 수 없다'는 단서가 붙어 있다. 그럴 경우 얼마의 돈을 나눠줄까?

경제적 관점에서 보자면 100원만 주는 것이 가장 합리적인 선택이며, 친구는 단돈 100원이라도 거부하지 않고 받는 것이 그나마 이익이다.

그러나 실험 결과에 의하면, 사람들은 이런 경제적인 선택을 하지 않고 보통 3~4만 원 정도를 친구에게 나눠준다고 한다. 친구는 돈이 3만 원보다 적으면 아예 받지 않겠다고 거부한다. 적게 받고 기분이 상할 바에야, 차라리 둘 다 못 받는 것이 마음 편하다고 생각하기 때문이다.

이 '최후통첩 게임(ultimatum game)'은 경제학자들의 생각과는 달리 인간은 결코 합리적이지 않으며, 감정에 휘둘리는 비합리적 주체임을 보여준다. 시장은 우리의 사회적 가치, 공평함, 문화적 요인 등 다양한 비시장적 요인과 함께 맞물려 돌아가고 있다.

29. 불법행위와 경제학
① - 막을 수 없다면 시장으로 끌어들여라

수요가 있는 한 공급이 존재하기 때문에 매춘단속은 효과가 거의 없고, 거래비용만 높아지게 된다. 이 경우에는 그것을 합법의 영역으로 끌어들이고 시장 원리에 따라 세금을 부과하는 것이 경제 원칙에 부합하고 자원의 효율적 배분에 도움이 된다는 견해가 있다.

상아 수집 붐이 일면서 야생 코끼리 떼가 멸종 위기에 빠져들자, 케냐, 탄자니아, 우간다에서는 코끼리 사냥을 불법화하고 상아 거래를 금지했다. 그러자 불법 암시장에서 상아 가격은 계속 치솟았고, 밀렵꾼의 등쌀에 코끼리의 생존 위기는 갈수록 심각해졌다.

반면 보츠와나, 말라위, 나미비아 등에서는 코끼리 사냥을 조건부로 허용하는 대신, 자기 소유의 토지에서만 할 수 있게 해 사실상 코끼리를 사유재산처럼 만들었다. 땅 주인들이 코끼리가 살 수 있는 쾌적한 환경을 제공하고 남획을 자체적으로 방지하려 노력하면서 코끼리 숫자는 다시 증가했다. 정부의 규제보다 시장의 힘이 더 위력을 발휘한 것이다.

■ 수요가 있는 한 공급이 존재하기 때문에 마약상, 매춘부, 밀렵꾼 등을 단속하면 거래비용이 높아져 오히려 가격만 비싸진다. 코즈의 주장에 따른다면, 단속이 효과가 없으면 그것을 합법적인 영역으로 끌어들이고 이익을 초과하지 않는 선에서 비용을 부담하게 하면, 금지나 단속 등 정부의 개입이 없더라도 시장 원리에 의해 균형을 되찾게 되어, 자원의 효율적 배분이 달성된다.

- 남자들은 무료로 할 수 있는 것보다 더 많은, 더 다양하고 색다른 것을 원한다. 매춘 종사자들은 여자친구나 아내가 결코 해 주지 않는 서비스를 제공한다. 매춘에는 원치 않는 임신이나 결혼이라는 구속에 수반되는 잠재적 비용도 거의 없다. 수요가 있는 곳에 공급이 있다는 경제 원리에 따르면, 매춘시장은 영원하다.

- 매춘 사업은 위험하고 그 성질상 직거래가 어려우며, 가격을 올리더라도 기꺼이 돈을 더 지불할 용의가 있는 고객이 많다. 이 때문에 매춘시장은 고비용 구조로 되어 있다.

- 매춘은 선량한 풍속, 기타 사회질서를 옹호하는 현행법 질서에 어긋나므로 합법화할 수는 없다.

그러나 미국 금주법의 실패 사례에서 볼 수 있는 바와 같이, 인간의 기본적 욕망을 억누르는 법은 더 큰 부작용을 초래하며 실패할 수밖에 없다. 이 때문에 대부분의 국가에서는 형식적으로는 매춘을 불법화하되, 제한적으로 허용하거나 최소한의 단속만 하는, 사실상 묵인하는 방식으로 법을 운용하고 있다.

수요가 있는 곳에 공급이 있기 때문에 인류가 욕망을 포기하지 않는 한 매춘 시장은 영원하다. 그러나 그것은 불법이기 때문에 위험산업이고 고비용 구조로 되어 있다.

31. 불법행위와 경제학

③ - 낙태의 경제학

1990년도 이후 미국의 급격한 범죄율 감소에 대하여 미국 정부는 혁신적 치안 정책, 형벌 강화, 강력한 총기규제 정책, 경찰 인원 증가, 경제성장 등을 그 요인으로 내세웠다. 그러나 상식과 통념을 깨는 괴짜 경제학 『Freakonomics』(2005)의 저자인 스티븐 레빗, 스티븐 더브너는 그 원인이 낙태의 합법화에 있음을 증명했다.

원하지 않는 임신을 하여 태어난 아이들은 대체로 열악한 환경에 놓여 있고 교육과 취업에서 어려움을 겪기 때문에 범죄를 저지를 가능성이 많다. 이 때문에 낙태는 범죄의 감소로 이어진다.

비록 그것이 원래 의도했던 결과는 아니었지만, 낙태의 합법화는 억만금을 들여서도 해결할 수 없는 골치 아픈 문제를 적은 비용으로 해결하는 경제적 효과를 거둔 것이다.

■ 1966년 루마니아의 독재자 차우세스쿠는 인구를 늘려 국력을 신장시킨다는 명분으로 피임법, 성교육을 금지하고, 임신에 실패하는 여성에게 금욕세를 부과했다. 이로써 출산율이 급증했으나 범죄가 늘어났고, 사회 불만이 높아져 격렬한 시위가 일어났다. 결국 차우세스쿠는 낙태 금지로 태어난 아이들 세대에 의해 축출되었다.

원치 않는 임신으로 태어난 아이들은 대체로 열악한 환경에 놓여 있고 교육과 취업에서 어려움을 겪기 때문에 범죄의 유혹에 쉽게 빠진다. 낙태의 합법화는 범죄감소로 이어져 엄청난 경제적 효과를 거두었다는 연구 결과가 있다.

④ - 오염허가서 제도

오염허가서를 구입한 기업은 그에 해당하는 만큼 오염 물질을 배출할 수 있다. 기업은 스스로 오염 물질을 정화하거나 정화처리 비용을 내야 하므로 오염의 총량을 규제하는 데 있어서는 오염허가서 제도가 세금부과보다 더 효과적이다.

오염허가서 제도(pollution permits)란, 정부가 발행한 오염허가서를 구입한 기업들이 자발적으로 그것을 거래하도록 하는 제도이다.

오염허가서를 구입한 기업은 그에 해당하는 만큼 오염 물질을 배출할 수 있는 권리를 갖게 된다. 그러므로 기업은 오염 물질을 처리하는 데 드는 비용이 오염허가서의 가격보다 높으면 오염허가서를 구입할 것이고, 반면 오염 물질 처리 비용보다 오염허가서의 가격이 비싸면 오염 물질을 스스로 정화할 것이다. 이렇듯 오염허가서의 거래는 각 기업에게 스스로가 처한 상황에 적합한 선택을 할 수 있는 기회를 주기 때문에, 환경과 관련된 비용을 최소화할 수 있다.

정부는 사회적으로 적절하다고 생각되는 수준만큼만 오염 물질이 방출되도록 오염허가서를 발행한다. 깨끗한 환경을 유지하기 위해서 오염 물질을 하나도 배출하지 못하도록 한다면, 그것을 위해 들어가는 비용이 오염된 환경을 정화하는 비용보다 더 커질 수 있다.

시장 원리를 이용한다는 점에서 오염허가서의 거래는 오염의 총량을 규제하는 데 있어서 세금의 부과보다 효과적이며 경제학적으로 선호되는 방법이다.

33. 행동경제학
① - 심리학이 가미된 경제학

사람들은 비싼 돈을 주고 산 운동기구나 안마의자를 잘 이용하지 않는다. 사람들은 장기적 목표와 가치를 계산하여 행동하지 않고 단기적 즐거움을 쫓는 경향이 있으며 무엇을 해야 하는지 정확하게 이해하고 이성적으로 행동하지 않는다.

비합리적인 인간의 심리가 경제에 미치는 영향을 연구하는 학자들은 경제학에 심리학을 가미하여 행동경제학이라는 새로운 지평을 열었다. 행동경제학은 주류 경제학의 기본 전제인 인간의 합리성과 자제심, 이기심을 부정한다.

사람들은 몸에 해롭다는 것을 알면서도 담배를 피우고, 질 확률이 높다는 것을 알면서도 도박을 한다. 위험한 줄 알면서도 음주운전을 하고 운전 중에 문자 메시지를 보낸다. 가격 차이만큼 효용의 차이가 없는데도 브랜드 물품을 구입하고, 비싼 돈을 주고 구입한 정기 회원권이나 운동기구를 잘 이용하지 않는다.

사람들은 무엇을 하겠다는 장기적인 목표와 가치를 계산하여 행동하지 않고, 단기적인 즐거움을 쫓는 경향이 있으며, 무엇을 해야 하는지 정확하게 이해하고 이성적으로 행동하지 않는다.

행동경제학은 인간의 심리와 결정을 이해하고 더 나은 의사결정을 내리도록 하며, 문제를 해결할 수 있는 현실적이고 효과적인 방법을 찾는 것을 목표로 한다.

■ 자동차의 안전벨트, ABS 브레이크, 에어백, 사물 감지기 등은 비이성적 운전자들에 대한 보완책으로 나온 것이다.

② - 튤립 투기 버블

1623년 네덜란드에서 튤립 한 개의 가격은 1,000플로린이었다. 당시 네덜란드 사람의 연평균 수입은 150플로린에 불과했기 때문에, 튤립 한 개를 사려면 집 한 채를 팔아야 했다. 1635년 셈페르 아우구스투스(Semper Augustus)라는 희귀 튤립종이 개당 6,000플로린에 거래되면서 최고가를 기록했다. 1636년이 되자 네덜란드 각지의 증권 거래소에서 튤립이 거래됐고, 너도나도 튤립 투기에 뛰어들게 되었다. 심지어 튤립을 심을 예정이라는 계약서만 가지고도 거래가 되었다.

그러나 1637년 2월이 되자 투기자들은 갑자기 튤립에 대한 수요가 지속될지 의문을 품기 시작했다. 투매가 일어나자 튤립 가격은 급락했다. 투기 광풍의 막차를 탔던 사람들은 수천 분의 1로 떨어진 튤립만 손에 쥐었고, 수천 명의 네덜란드인이 파산했다. 튤립 거품 또는 튤립 광란이라고 불리는 이 현상은 그 후 투기 버블의 대표적 사례로 인용되고 있다.

뉴턴은 "천체의 움직임은 계산할 수 있지만, 사람들의 광기는 예측할 수 없다"고 했다.

튤립 투기에서 볼 수 있는 바와 같이 인간은 합리적으로 행동하지 않는다.

1623년 네덜란드에서는 튤립 투기로 튤립 한 개의 가격이 집 한 채 값을 호가했다. 투기수요로 형성된 거품은 결국 붕괴되었고, 많은 사람이 파산했다. 거품은 붕괴되면서 큰 파괴력을 발휘하며 은행 파산, 금융위기, 국가 경제시스템의 마비를 가져오기도 한다.

35. 행동경제학

③ - 체험 산업

　인간은 놀라운 적응력을 갖고 있어서 약간의 시간이 지나면 변화를 받아들이고 새로운 환경에 적응한다.

　인간은 쾌락에 쉽게 적응한다. 새 집에 이사했을 때 새로운 가구와 반짝이는 거실 마루가 주는 기쁨은 익숙함의 뒤편으로 사라지고, 얼마 지나지 않아 별다른 느낌을 갖지 않게 된다. 인간의 이러한 성향을 활용하여 즐거움에 대한 적응을 방해한다면, 오랫동안 만족감을 느낄 수 있게 하여 적은 노력으로 행복감을 높일 수 있다.

　그렇다면 일시적인 경험을 제공하는 서비스, 체험 산업이 각광받게 된다. 짧은 시간 동안 겪는 신나는 체험은 그 쾌락에 쉽게 적응되지 않기 때문에 싫증을 느낄 시간이 없다. 또 그 시간은 그 누구도 대신할 수 없고 재현할 수 없는 아우라를 가진 유일무이한 순간으로 나 자신의 정체성의 일부가 되어, 오래도록 기억에 남아 삶의 이정표가 되어주기 때문이다.

짜릿하고도 일시적 경험을 제공하는 오락은 그 즐거움에 질리지 않으며 다시 재현할 수 없는 아우라를 가진 것으로 오랫동안 기억에 남아 행복감을 준다.

> 회사가 타인의 아이디어를 배척하고 자신의 창조물에만 지나치게 집착하게 되면 혁신의 기회를 놓쳐 몰락하게 된다.

NIH(Not Invented Here) 신드롬은 자신이 만들어낸 것이 아니라면 그다지 큰 가치가 없다고 생각하는 사고방식을 말한다.

사람들은 자신이 그 아이디어를 직접 내거나, 적어도 그 아이디어와 관련이 있어야 그것을 더욱 가치 있게 여긴다는 것이다. 자신이 창조했다는 인식은 제품에 대한 애착과 자부심을 갖게 하므로 직원으로 하여금 자신의 일에 깊이 몰입하게 할 수 있고, 계속하여 아이디어를 내게 하는 등 긍정적인 효과를 낼 수 있다. 제품에 개발자, 생산 책임자를 표시하는 것, 농산물에 농부의 이름을 기재하는 것은 이 점을 긍정적으로 활용한 것이다.

그러나 NIH 신드롬은 생각의 함정에 빠뜨려 큰 대가를 치르게 할 수도 있다. 에디슨은 직류 전기에 지나치게 집착하다가 교류 전기가 주는 기회를 상실했다. SONY 사는 자신들의 창작물에 지나치게 집착하여 디지털 카메라처럼 대중화된 메모리 기기들과 호환되지 않는 제품들을 개발하느라 스마트폰, 평면 TV와 같은 새로운 제품들을 만들 기회를 놓쳐버렸다. 기업의 경직된 조직문화는 유연한 사고, 더 나은 타인의 아이디어를 배척함으로써 혁신에 뒤처지는 결과를 가져올 수도 있다.

37. 행동경제학

⑤ - 동기부여

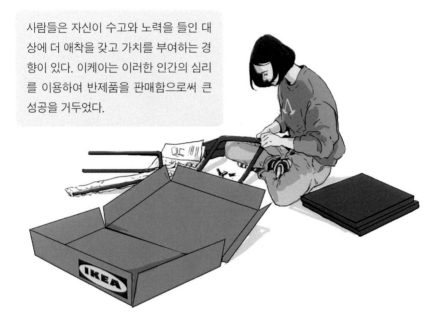

사람들은 자신이 수고와 노력을 들인 대상에 더 애착을 갖고 가치를 부여하는 경향이 있다. 이케아는 이러한 인간의 심리를 이용하여 반제품을 판매함으로써 큰 성공을 거두었다.

사람들은 작업에 어떤 의미를 부여할 때 그 작업을 통해 즐거움을 얻게 되며, 작업 의욕과 생산성이 높아지게 된다. 또 더 많은 수고와 노력을 들인 대상에 더 애착을 갖게 되고 가치를 부여하게 된다. 따라서 직장에서는 일에서 의미를 찾을 수 있도록 직원들에게 동기부여를 해야 한다. 직원이 하는 일이 커다란 가치를 창출한다는 인식을 갖게 함으로써 일에 대한 만족도를 높이고 생산성을 높일 수 있기 때문에다.

분업은 숙련도와 효율성을 높이는 장점이 있으나, 전체 작업을 너무 잘게 분할해서 하게 하면 단순반복 노동만을 하게 되어, 일에서 의미를 찾지 못하고 성취감도 느끼지 못할 우려가 있어서, 오히려 노동 의욕을 저하시키는 단점이 있다.

- 이케아는 자신이 직접 만든 것에 자부심을 갖는 경향을 이용하여 반제품을 판매하여 큰 성공을 거두었다.
- 고급 클럽 회원권은 정식으로 인정받는 과정이 더 길고, 고통스럽고 인내심이 있어야 그것을 가치 있게 여긴다는 심리를 이용한 것이다.
- 루이뷔통의 한정판매 전략은 어렵게 손에 넣은 것을 귀중하게 여기는 심리를 이용한 것이다.

⑥ - 인센티브 활용법

1969년 미국의 사회심리학자들(로버트 자이언스, 알렉산더 하인가트너, 에드워드 허먼)은 바퀴벌레의 임무 수행 속도를 실험해보았다. 쉬운 임무는 동료가 지켜볼 때 더 빠르게 수행했고, 복잡한 미로에서는 혼자 있을 때 더 빠르게 길을 찾는다는 사실을 확인했다. 사람도 바퀴벌레와 마찬가지로, 누가 지켜보고 있고 더 큰 성과를 내야 한다는 과도한 동기 의식은 압박감을 주어 낮은 성과로 나타난다고 한다.

미국 듀크 대 경제학과 교수 댄 애리얼리는 지나친 보상은 성과에 대한 압박감으로 집중력을 떨어뜨리고 스트레스를 가중시켜 오히려 낮은 성과로 나타난다고 했다. 그러나 단순하고 기계적인 임무에서는 높은 보상이 높은 성과로 이어진다고 했다.

결론적으로, 단순반복 업무에서는 높은 보상이 높은 성과로 이어지지만, 두뇌를 사용하는 임무, 인간의 인지능력을 필요로 하는 임무에서는 높은 인센티브가 관심을 분산시키고 집중력을 교란시키며, 스트레스를 가중시켜 성과를 저해한다는 것이다.

■ 많은 돈이 걸려 있는 상황에서 잡념을 떨치고 집중하여 더 깊은 사고로 더 빠르게 작업하기는 어렵다. 따라서 인센티브는 동기를 극대화하기에 충분한 의미 있는 액수를 주는 것이 좋다.

단순하고 기계적인 업무에서는 높은 보상이 높은 성과로 이어지는 경우가 많다. 그러나 두뇌를 사용하는 임무, 인간의 인지능력을 필요로 하는 업무에서는 높은 인센티브가 관심과 집중력을 분산시키고 스트레스를 가중시켜 성과를 저해한다.

39. 정보·지식 격차

① - 정보와 지식은 막대한 이익을 가져온다

1940년대 『리더스 다이제스트』의 조사결과에 의하면, 자동차 정비사, 라디오·시계 수리공들의 부정행위에 대한 조사에서, 전선이나 건전지 교체 등 아주 간단한 조작만 하면 되는 자동차, 라디오, 시계를 수리공에게 보냈더니 자동차 정비사의 63%, 라디오 수리공의 64%, 시계 수리공의 40%가 수리비를 부당하게 청구했다고 한다. 그로부터 5년 후 가장 정직하지 않은 직업 조사에는 부동산업자, 자동차 딜러가 상위권에 랭크되었다. 이것은 그 분야 직업 종사자들의 도덕성에 대한 문제이기도 하나, 근본적으로 그들은 그 분야에 대한 정보와 지식 격차를 활용하여 폭리를 취하고 있다고 볼 수 있다.

예컨대 의사는 환자에게 가장 비싼 재질을 사용한 수술을 권유하면서, 환자의 체질에 그것이 가장 적합하다거나 빨리 조치를 취하지 않으면 생명이 위험하다고 말할 수 있고, 변호사는 빨리 조치를 취하지 않으면 사업이 망하거나 구속될 수 있다고 말할 수도 있다. 이 경우에 소비자는 정보나 지식에 있어서 전문가의 상대가 되지 않기 때문에, 그들이 부당한 보수를 청구하더라도 어쩔 도리가 없다. 정보와 지식 격차는 이렇듯 막대한 이익을 가져온다.

전문직업 종사자들은 그 분야에 대한 정보와 지식 격차를 활용하여 부당한 보수를 청구함으로써 폭리를 취할 수도 있다.

중고차 시장은 겉만 번지르르하고 엔진 등 차량 상태가 좋지 못한 경우가 많기 때문에 불량품이 나돌아다니게 되는 레몬 시장이 된다. 중고차 판매업자, 부동산업자, 수리업자는 가장 거짓말을 많이 하는 직업군에 속한다고 하는데 그것은 그들이 비대칭 정보를 부당하게 활용하기 때문이다.

조지 애컬로프는 1970년 레몬 시장(Market of Lemon)에 관한 논문에서 중고차 시장은 레몬 시장으로서 시장 기능이 제대로 작동하지 않는다고 주장했다. 레몬은 겉보기에는 먹음직스럽게 보이지만, 정작 먹어보면 시기만 하다.

레몬은 불량품이라는 뜻도 가지고 있는데, 중고차 시장은 아무리 경쟁적이라고 할지라도, 자동차 판매자는 품질에 대해서 많은 것을 알고 있고 구매자들은 그렇지 못한 경우가 많기 때문에, 겉만 번지르르하고 엔진 등 차량 상태가 좋지 못한 불량품이 나돌아다니게 되는 레몬 시장이 된다는 것이다.

이 때문에 중고차 시장은 본래의 역할을 하기 어렵고, 소비자는 사고 차량이나 낮은 품질의 차량을 구입할 가능성이 있으며, 가격은 낮게 형성된다. 또 판매자는 이윤을 높이려고 형편없는 차를 팔게 되어 시장의 자원 배분 기능은 실패로 돌아가게 된다.

■ 정보 비대칭은 불공평한 거래를 초래하고 시장의 정상적인 기능을 저해한다.

■ 인터넷의 출현으로 정보의 비대칭은 타격을 입게 되었다.

41. 정보·지식 격차

③ - 정보와 지식을 제공하는 전략

거래의 한 쪽만 내부 정보를 가지고 있거나 지식 격차가 있을 경우에 시장은 우리가 기대하는 것만큼 작동되지 않고, 소비자는 낮은 품질의 상품이나 서비스를 구매하면서도 평균 가격을 지급하게 되는 불공정한 결과가 발생하게 되어, 시장의 자원배분 기능은 실패로 돌아가게 된다.

이 경우 소비자는 피해의식을 갖게 되어 구매를 꺼린다. 이때 판매자는 역발상으로 정보와 지식으로 폭리를 취할 것이 아니라, 자신의 이익을 늘리기 위해 적극적으로 정보와 지식을 제공할 수도 있다. 즉 좋은 정보와 지식을 가진 사람이 비용이 들더라도 정보를 소유하지 못한 사람에게 정보를 제공하여 정보의 불균형을 해소하는 노력을 함으로써 소비자의 신뢰를 높이고, 안심하고 구매할 수 있도록 하여 자신의 이익을 증대시킬 수 있다는 것이다. 이러한 전략은 실제 생활에서도 활용되고 있다.

예컨대 전문적 종사자들은 일반인들이 알기 어려운 부분에 대하여 전문지식과 가격에 대한 정보를 공개하여 정보 불균형에 대한 소비자의 우려를 불식시키고, 소비자에게 속지 않는다는 믿음을 주어 거래를 유도함으로써 이익을 증진시킬 수 있다.

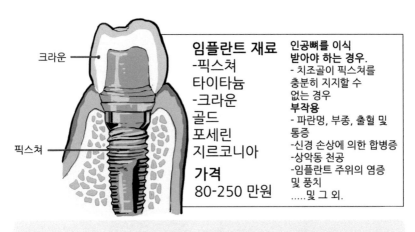

좋은 정보와 지식을 가진 사람이 그것을 악용하여 부당한 이득을 취할 것이 아니라 역발상으로 충분한 정보를 제공하여 소비자의 신뢰를 높이는 전략을 사용함으로써 이익을 증대시킬 수도 있다.

제레미 리프킨은 정보기술의 발전과 빠른 속도의 기술혁신에 의해 물질은 비물질에 밀려나고 소유보다 네트워크에 접속할 수 있는 권리와 서비스가 더 중요해질 것이라고 하였다.

자동차! 주택! 사지말고 싫증나면 새로 바꿔 보세요!

월 $300.99 부터!

제레미 리프킨은 『접속의 시대』에서, 네트워크 경제에서 실물 부분은 위축되고 정보와 지적 자산에 의존하게 되어, 기존 시장은 정보와 지식의 네트워크에 자리를 내주게 되고, 정보와 지적 자산에 접속할 수 있는 권리가 사고파는 핵심 부분으로 떠올라 네트워크를 수단으로 고객과 상호관계를 맺을 수 있는 기업만 생존할 수 있게 될 것이라고 했다. 나아가 정보기술의 발전과 빠른 속도의 기술혁신에 의해 물질은 비물질에 밀려나고, 소유보다 네트워크에 접속할 수 있는 권리와 서비스가 중요해지는 세상이 될 것이라고 했다.

물리적 경제는 움츠러들고 있다. 새로운 시대는 정보와 지적 자산의 뭉치에 얽혀 있는 눈에 보이지 않는 힘을 중시한다. 산업 체계에서 오랫동안 부의 잣대로 군림해왔던 물질 제품은 탈물질화되고 있다,
- 제레미 리프킨, 『접속의 시대』중에서

■ 제레미 리프킨의 견해에 대한 반론: 생존을 위한 최소한의 소유조차 부족한 사람들이 다수인 상황에서 소유의 시대는 아직 저물지 않았다. 네트워크에 접속하기 위해서는 결국 돈을 소유해야 하고, 돈을 가진 사람에게 정보·지식에 접근할 기회가 더 많이 주어진다.

43. 신자유주의
① - 신자유주의의 의의

신자유주의자들은 경제적 자유를 최대한 보장하면 자율성, 창의성을 극대화할 수 있고 자유경쟁을 통한 합리적 행동으로 효율성이 높아져 분배도 더 평등해질 수 있다고 주장한다. 그러나 인간은 자신의 노력과 관계없이 서로 다른 출발선에 있기 때문에 신자유주의자들의 주장에 따르면 불평등이 더 심화된다.

과도한 국가 개입과 복지정책으로 기업투자가 위축되고 근로 의욕이 저하되어, 1970년대 경제가 침체되고 사회 활력이 저하되었다. 이를 해결하기 위해 국가 개입을 최소화하고 시장경제를 강화해야 한다는 주장과 이를 반영한 경제 정책을 총칭하여 신자유주의(neo-liberalism)라고 한다.

신자유주의자들은 시장에 대한 간섭을 줄이고 규제를 완화하여 경쟁을 촉진함으로써 경쟁력을 높이고, 생산성 향상을 꾀하고 경제에 활력을 불어넣음으로써 소득 수준을 끌어올리고 국부를 증대시킬 수 있다고 주장한다. 또 이들은 재정 지출을 최소화하고 국가의 권한을 축소하여 작은 정부를 구현함으로써 민간의 자율성을 높이는 정책을 선호하며, 공기업 민영화, 노동시장의 유연화, 자유무역을 통한 무역장벽 해소를 주장한다.

신자유주의자들은 경제적 자유를 보장함으로써 자율성, 창의성을 극대화할 수 있고, 자유경쟁을 통한 합리적 행동으로 효율성이 높아져 분배도 더 평등해질 수 있다고 주장한다.

신자유주의 정책으로 인한 세금 감면, 해고를 자유롭게 하는 등의 노동 유연성 보장, 기업환경 개선 등의 혜택으로 자본가와 부자들은 더욱 풍요로워졌다. 1980년대 미국 부자들은 역사상 가장 많은 돈을 벌었고, 미국 최상위 1%가 전체 소득의 53%의 돈을 벌어들여 부의 격차가 더 심해졌다.

반면 기업독점 현상이 증가되고, 경쟁력이 약한 기업은 도산하게 되었으며, 사회적 약자들은 실업, 고용불안, 해고 위협에 시달리는 등, 부의 양극화 현상으로 오히려 평등의 가치가 침해되었다. 또 사회보장의 축소 등으로 사회적 약자의 권익을 침해함으로써 공동체를 파괴하고, 민주주의의 기능도 약화되었다.

자유는 부유층, 강자들의 경제적 자유에 불과할 뿐 신자유주의는 미국과 강대국, 초국적 기업 중심의 국제 질서를 정당화함으로써 기득권을 강화하고, 개별국가의 주권을 약화시켰으며, 한 국가 내에서의 여러 분야 사이에서도 불평등을 심화시켰다.

경제적 자유와 무한 경쟁을 추구하는 신자유주의는 불평등을 심화시키고 공동체를 파괴하였으며 사회적 약자의 삶의 질을 높이지 못하는 결과를 가져왔다.

45. 신자유주의
③ - 경제논리에 의한 세계화

 신자유주의는 강대국과 초국적 자본, 경제논리를 바탕으로 한 세계화를 지향함으로써 개별국가의 고유성, 다양성을 파괴하고 획일화를 초래했다. 또 사회적 약자 보호에 소홀하고, 공동체 정신과 인권, 환경 등의 가치를 훼손했다.

 시장질서에 따른 자유로운 경쟁을 통한 성장이라는 것은 외피에 불과할 뿐이다. 신자유주의 질서는 철저한 친 자본, 반 노동 정책으로서 자본 축적과 생산의 효율성만 강조한 나머지 왜곡된 분배, 착취, 불평등, 인간성 파괴, 환경오염, 자원고갈, 생태 파괴 등 수많은 문제를 야기했다.

 신자유주의는 시민이 아니라 소비자를 양산하며, 공동체가 아니라 쇼핑센터를 만들어낸다.

- 노암 촘스키, 『그들에게 국민은 없다』 중에서

시장질서에 따른 자유로운 경쟁을 촉구하는 신자유주의는 경제논리를 바탕으로 한 세계화를 지향함으로써 강자에 의한 승자독식 현상을 심화시켰다.

국제 투기자본은 자본이 부족한 나라에 도움을 주는 흑기사인 양 등장하여 보호망을 해체한 후 혜택을 누리고 수익 목표를 달성하게 되면 자본을 빼서 달아난다.

거대 투자자나 기업들은 이익을 얼마나 내는가에만 관심이 있을 뿐 투자한 나라에는 관심이 없으며, 공짜 혜택과 보호망에만 관심이 있다. 국제 투기자본은 자본이 부족한 나라에 도움을 주는 흑기사인 양 등장하여 보호망을 해체한 후, 모든 혜택을 받고 나서 수익 목표를 달성한다. 그리고 피를 다 빨았다고 생각되면 자본을 빼서 달아난다. 실제로 외국 자본은 생산투자에 쓰이지 않고, 대부분 투기나 인수합병에 쓰인다.

이들은 경영 합리화, 효율성을 구실로 구조 조정을 하고 일자리를 축소시킨 후, 한탕주의(get-rich-quick fever)를 노리고 단기 순이익(short-term net profit)을 낼 곳에 집중 투자했다가 치고 빠진다. 이 때문에 그들이 지나간 자리에는 무너진 담장과 인플레이션만 남게 된다는 말이 나오게 되었다.

세계 경제는 하나의 도박판이 되어 카지노 경제(casino economy)가 되었고, 금융 기술자들의 영향력이 증대되어 세계적인 금융 불안, 경제위기를 우려해야 하는 상황이 되었다.

47. 신자유주의
⑤ - 글로벌 금융위기

2000년대 초 미국은 경기 부양책으로 저금리 정책을 펼쳤다. 그 때문에 부동산 가격이 상승하는 추세였고, 신용등급이 낮은 저소득층을 상대로 주택담보 대출을 해주는 서브프라임 모기지론(subprime mortgage loan)은 높은 금리가 적용되어 고수익이 보장되는 상품으로 알려져 많은 회사들이 이에 투자했다. 그런데 부동산 버블이 붕괴되면서 주택 가격이 폭락하여 금융회사, 증권회사들이 부실화되어 글로벌 금융위기를 초래했다.

서브프라임 모기지론 사태는 금융시장의 실패를 보여주었다. 미국 정부는 특수 기금을 창설하여 구제금융을 통해 기업들을 구제하고자 했다. 그런데 이것은 기업들이 저지른 잘못을 국민의 혈세로 충당한 사건으로서, 가진 자들이 죄를 짓고 가난한 사람들이 벌을 받은 결과가 되었다.

결국, 신자유주의자들이 주장하는 세계적인 선진 금융기법이라고 하는 것이 파생 금융상품을 남발하여 경제 대란을 초래했다. 이로써 신자유주의자들의 주장은 설득력을 잃게 되었고, 신 케인즈주의자들은 사회 안전망 확충, 양극화 해소를 위해 정부가 재정 정책·통화 정책을 통해 적극적으로 시장에 개입해야 한다고 주장하게 되었다.

저금리 -> 부동산 버블-> 고수익 모기지-> 주택담보대출 급증
-> 주택가격 폭락, 담보 부족 -> 금융 위기

2000년대 초 경기부양을 위한 저금리 정책으로 부동산 가격이 치솟자 미국 사람들은 서브프라임 모기지론에 투자하였다. 그러나 부동산 버블 붕괴로 주택 가격이 폭락하고 담보가 부실화되면서 미국경제는 금융위기를 맞이하였다.

① - 가용 자원의 최대 활용

공유경제는 자신이 가지고 있는 부동산, 물품을 다른 사람과 함께 쓰거나 필요한 만큼만 나누어서 쓰는 형태를 말한다. 공유경제는 자원낭비와 환경오염을 줄이는 대안이 될 수 있다.

공유경제(sharing economy)는 2008년 하버드 대학의 로렌스 교수에 의해 처음 사용된 말이다. 이때 공유는 단순히 공동으로 소유한다는 뜻이 아니라, 자신이 소지한 물품이나 자원을 다른 사람에게 빌려주거나, 물품이나 생산 시설, 서비스를 구매하지 않고 필요한 만큼 빌려 쓰는 형태를 말한다.

공유경제 아이디어는 자원의 낭비와 환경오염을 줄여 경기침체, 환경오염에 대한 대안이 될 수 있다는 점에서, 2011년도 『타임』지에서 세상을 바꾸는 10대 아이디어 중 하나로 선정되었다.

공유경제는 현재 여러 분야에서 이미 시행되고 있다. 자동차를 공동으로 이용하는 카 셰어링(car sharing) 서비스, 자기 소유의 주택 또는 빈방을 공유하는 서비스 등이 있다. 에어 비앤비(Air BNB)나 카우치 서핑 등 주택 공유 서비스는 호텔 중심의 기존 서비스와는 달리, 개인 소유의 빈집이나 빈방을 일시적으로 공유하면서 여행에서 현지인과 소통할 수 있고, 집주인은 빈방에 곰팡이가 피지 않게 활용한다는 점에서 서로가 윈윈(win-win)할 수 있다는 장점이 있다. 이것은 자신의 거주지를 여행객들과 최대한 공유·활용함으로써 한계비용을 대폭 낮추고, 시장의 교환가치를 협력적 공유가치로 대체하는 결과를 가져온다.

49. 공유경제

② - 공유경제로 이행되기 위한 조건

3D 프린터는 저렴한 재활용 플라스틱이나 폐지 등의 원료를 이용해 개인이 원하는 상품을 직접 제조·생산하는 트렌드를 만들어 한계비용을 대폭 낮출 수 있고 다품종 소량생산을 용이하게 한다.

제레미 리프킨은 그의 저서 『한계비용 제로 사회 The Zero Marginal Cost Society』에서 공유경제로 이행되기 위한 조건으로, ① 3D 프린터 ② 정보의 공유 ③ 물류 시스템의 발달 ④ 사회적 자본(대표적인 예 : 신뢰)을 들었다.

3D 프린터는 저렴한 재활용 플라스틱이나 폐지 등의 원료를 이용해 개인이 원하는 상품을 직접 제조·생산하는 트렌드를 만들어 한계비용을 대폭 낮추고, 다품종 소량 생산을 용이하게 한다.

이로써 전 세계 사용자들이 소규모 사업자가 되어 수평적 거래를 할 수 있다면, 수직 통합된 글로벌 기업의 경제 생태계는 개방되고 다원화되어 협력적 공유사회(collaborative commons)로 이행될 수 있다는 것이다.

50. 한계비용 제로 사회
① - 한계비용의 감소추세

한계비용은 재화 또는 서비스를 한 단위 생산하는 데 들어가는 추가 비용을 말한다. 한계비용이 0이 된다면 우리는 재화나 서비스를 무한정 생산해낼 수 있게 된다. 한계비용 제로 현상은 이미 21세기 초반부터 있어 왔다.

수백만의 소비자는 파일 공유 서비스를 통해 음악을, 유튜브를 통해 동영상을, 위키피디아를 통해 지식을, 소셜 미디어를 통해 뉴스를 자체 생산하고 공유하기 시작했다. 그러면서 음악 산업, 영화 산업, 신문과 잡지, 출판 시장에 심각한 타격을 가하고, 교육 분야에서 온라인 강좌는 세계적으로 유명한 교수들을 내세운 강좌를 대학 학점으로 인정하여, 값비싼 대학 진학의 필요성에 의문을 품게 했다. 물리적 재화, 서비스, 에너지로 구성된 오프라인 경제는 한계비용이 대폭 감소되고 있는 것이다.

소프트웨어 산업은 처음 생산까지 드는 비용을 제외하면, 실질적 비용은 CD 비용 정도로 0에 가깝다. 특히 지식 산업은 한계비용이 0이 될 수 있는 산업이다.

물리적 재화를 생산하는 산업은 한계비용을 낮추기 위해 전통적 중앙집중 형 생산 방식을 분산 형 방식으로 바꾸어야 하고, 생산과 관련된 제약 요소를 해결할 필요가 있다.

소프트웨어 산업은 처음 생산까지 드는 비용을 제외하면 실질적 비용은 CD 비용 정도로 제로에 가깝게 된다. 정보통신기술의 발달과 기술혁신으로 더 생산하는 데 들어가는 추가 비용(한계비용)은 대폭 감소되었고 이러한 추세는 새로운 경제패러다임을 촉진한다.

51. 한계비용 제로 사회

② - 기술혁신과 한계비용 절감

IT 기술혁신은 생산성을 효율화시켜 생산·유통·거래에 들어가는 한계비용을 낮추었다. 슈퍼 사물 인터넷 플랫폼은 커뮤니케이션 인터넷, 에너지 인터넷, 물류 인터넷이 결합된 형태이다. 모든 기기와 전기제품, 기계, 장치, 도구에 부착된 센서(sensor)는 촘촘한 지능형 네트워크로 모든 사물과 자연환경, 인간을 연결해준다.

자원 흐름 경로, 창고, 도로 체계, 공장 생산라인, 송전망, 사무실, 가정, 상점, 차량 등에 부착된 센서는 지속적으로 상황과 성과를 모니터링하여 빅데이터를 생성해서, 커뮤니케이션 인터넷과 에너지 인터넷, 물류 및 운송 인터넷에 공급한다. 그럼으로써 유휴자원과 에너지를 공유하고 생산과 유통 비용을 절감하여, 보다 효율적으로 사용할 수 있게 해준다.

사물 인터넷(IoT: the Internet of Things)은 소비자들이 어떤 제품에 관심을 보이는지, 언제 피크타임을 피해 저렴하게 전기를 사용할 수 있는지 판단할 수 있고, 정보의 공유를 통해 지구의 자원을 더욱 효율적으로 사용할 수 있게 하며, 건강까지 지킬 수 있게 한다.

기계에 부착된 센서는 지능형 네트워크로 사물과 인간을 연결하여 부품교체 시기를 알려줌으로써 작업시간을 단축시키고 생산비용을 절감할 수 있게 해준다. IT 기술혁신은 생산성을 효율화시켜 한계비용을 대폭 낮추었다.

유지, 보수비 포함
임대료 000원
H자동차

끊임없는 혁신으로 생산성이 최고점에 달하면 한계비용이 제로 수준으로 떨어져 이윤 없는 장사를 해야 한다. 그렇다면 많이 생산하여 많이 판매하는 것보다 덜 생산하고, 생산된 제품을 완전하게 이용하고 관리하는 방식에 대하여 생각해보아야 한다. 한계비용 제로 사회는 소유에서 접속으로, 소비 중심의 교환경제에서 보존 중심의 공유경제로서의 전환을 촉구한다.

제레미 리프킨은 기업가는 끊임없이 혁신으로 생산력을 높이면서 한계비용을 제로 수준으로 줄여나가다가 결국 이윤 없는 장사를 해야 할 처지에 놓이게 될 것이며, 기업의 이윤은 이미 고갈되기 시작했고, 상품을 팔아 이윤을 남기는 자본주의 기업은 존립 근거가 흐려졌다고 했다.

그는 자본주의 시대는 끝나가고 있고, 자본주의의 종말은 협력적 공유사회(Collaborative Commons)라는 새로운 사회로의 이행이며, 소유 중심의 교환가치에서 접속 중심의 공유가치로 옮겨가는 대전환이 새로운 경제시대를 이끌 사회적 동력이 될 것이라고 전망했다.

이제는 경제성장 위주의 새로운 재화나 서비스의 생산·판매에 대한 논의에서 보다 덜 생산하고, 자연을 보존하고, 한계비용을 낮추고, 생산한 제품을 완전하게 이용하고 관리하는 방식에 대하여 생각해보아야 한다.

협력적 공유사회에서는 많이 생산하고 많이 소유해야 풍요롭다는 익숙한 삶의 방식을 버리고, 나눌 것이 많아서 풍요롭고 많이 나누어야 행복하다는 삶의 태도를 가질 필요가 있다.

5

소비

제5장 소비

1. 문화현상으로서의 소비

오늘날 소비는 생존을 위해 물질을 획득하는 행위가 아니라 자신의 존재 의미를 찾고 가치를 보여주는 문화적 의미를 가진다.

산업시대가 도래하기 전에는 제품의 생산량에 한계가 있어 소비 행위는 먹고 살기 위한 물품조달 행위에 그쳤다. 그러나 근대 산업혁명 이후 대량생산이 가능해지자 소비는 생존을 위한 행위가 아니라 욕망을 충족시키는 문화적 의미를 갖게 되었다.

이제 소비는 물질의 차원에서 기호(記號, sign, symbol)의 차원으로 그 형태가 달라졌다(기호 소비). 소비를 함에 있어서 기능, 실용성 대신에 개성, 차별화 등의 표현이 사용되는 것은 소비자들이 기호를 소비하고 있음을 나타낸다. 현대 물질문명 사회에서 인간의 소비 행위는 생존을 위한 물질의 획득이라는 차원을 넘어, 자신의 존재 의미를 찾고 기호(상징, 위세)를 확인함으로써 자신의 가치를 보여주기 위한 전시적 의미를 가진다.

■ 장 보드리야르(1929~2007)는 저서 『소비의 사회』에서 현대 사회를 소비사회로 정의하고, 소비는 인간이 자신을 표현하는 형식이자 기호이며, 기본적 욕구가 충족되어도 차별화를 위해 계속 새로운 소비가 만들어진다고 했다. 만들어지고 보여주기 위한 소비는 무분별한 소비로 이어지게 되는데, 이러한 경향은 인간의 존재 의미마저 상품화할 우려가 있다.

현대 소비사회에서 대중은 타자에 의해 조종되고, 교육받고, 광고에 의해 세뇌되며, 기업과 매스미디어의 유도와 통제에 따라 소비를 한다. 소비는 자본주의라는 큰 시스템에 의해 관리·통제된다.

화살표가 하얗게 누워 있다.
…아스팔트 위에
화살표가 화살이 되어
내 목을 겨냥하며
꼿꼿이 누워 있다.   - 김선자 시 〈화살표〉 중에서

■ 백화점으로 가는 길을 알려주는 화살표는 화살이 되어 내 목을 겨냥한다. 결핍을 조장하고 소비를 강요하는 사회 논리에 휩쓸려 사람들은 화살을 피하기 어렵다.

■ 마르쿠제는 산업사회에서 자유로운 선택처럼 보이는 인간의 자유는 강제적인 선택이며, 이것은 기만적 자유, 거짓된 욕구에 불과하다고 했다. 그는 모든 것을 교환가치, 상품가치로 평가하는 1차원적 사유에서 벗어나 욕망을 거부할 수 있는 주체적인 삶을 회복할 것을 주장했다.

백화점으로 가는 길을 알려주는 화살표는 그 길을 따라가라고 한다. 방향을 가리키는 화살표는 소비를 강요하는 화살이 되어 내 목을 겨냥한다.

3. 소비의 왜곡

① - 소비욕망의 주체는 자본주의 그 자체이다

패션쇼는 무엇이 유행할지를 예측하는 것이 아니라 무엇을 유행시킬 것인지를 공모한다. 이것은 대중의 수요를 반영하는 것이 아니라 수요를 창출하고자 하는 기획이다.

자본주의의 본질과 운동법칙은 자본주의적 생산과 소비 시스템이 원활하게 굴러가도록 개인의 욕망을 기획하고 조종한다.

예컨대 패션쇼는 무엇이 유행할지를 예측하는 것이 아니라, 무엇이 유행할지를 공모한다. 이것은 수요를 창출하고자 하는 기획, 시스템이다. 대중은 기획되고 설계된 도식에 따라 습관적으로 소비하면서, 그것을 자신이 선택한 유행과 패션이라고 착각한다. 자본주의 사회에서 소비자의 욕망은 자신의 욕망이 아니라, 기획된 타자의 욕망이다.

현대인은 타자에 의해 조종되고, 교육받고, 통제받은 대로 소비를 행한다.

■ 자본주의 사회에서 욕망의 주체는 자본주의 그 자체이다. 질 들뢰즈에 의하면, 스스로 움직이는 자본은 욕망하는 기계이며, 욕망의 대행자인 인간도 욕망하는 기계로서 기계적 흐름을 따르는 수동적인 존재가 된다.

　소비의 시대인 오늘날은 모든 분야에 상품의 논리가 일반화되어 있다. 장 보드리야르는 모든 것이 상품의 논리에 종속된다는 것은, 모든 것이 이윤을 중심으로 조작될 뿐 아니라 모든 것이 진열되어 구경거리가 된다는 것을 의미한다고 했다.

　장 보드리야르에 의하면, 현대의 소비사회에서는 나를 비추어주는 거울은 사라지고, 나를 보여주기 위한 쇼윈도만 남게 된다. 쇼윈도화된 세상에서 개인은 자신을 비춰보는 것이 아니라, 대량의 기호화된 사물(이미지, 기호, 소비 가능한 모델)을 응시할 뿐이다.

　소비의 중요한 포인트는 나를 어떤 이미지로 포장하여 남들에 보여줄 것인가이다. 현대인들은 남에게 비추어지는 이미지를 위해서 살아간다.

> 　쇼윈도화된 소비사회에서 개인의 존재는 자신이 늘어놓은 기호 속에 존재한다. 초월성도 목적성도 지니지 않게 된 이 사회의 특징은 반성의 부재, 자신에 대한 시각의 부재이다.　　　　- 장 보드리야르

오늘날은 모든 분야에 상품의 논리가 일반화되어 있다. 모든 것이 상품의 논리에 종속된다는 것은 모든 것이 이윤을 중심으로 조작되고 진열되어 구경거리가 된다는 것, 즉 이미지, 기호, 소비 가능한 모델로 편성된다는 것을 의미한다.
- 장 보드리야르

5. 소비의 왜곡
③ - 공급자의 기호 조작

백화점에서는 유사한 분위기를 불러일으킬 수 있는 상품들을 묶어서 하나의 세트로 만들어놓고 있다. 이는 '분위기'라는 개념을 중심으로 집약되고 결합된 것이다.

이처럼 자본주의 소비사회에서 사물들은 파노플리(panoplie, 세트)로 조직되는 특성이 있다. 거기에는 실존하는 상품 이상의 추상적 기호(사라는 메시지)가 응축되어 있다.

광고는 생활에 직접적으로 필요하지 않은 상품을 필수품인 것처럼 생각하도록 유도하여 소비자들을 유혹한다. "지금 당신이 가지고 있는 것은 당신의 세련된 기호에 어울리지 않는다"고 떠들어댄다. 자신이 원해서 소비하고 있는 기호는 순수하게 자기가 의도한 것이 아니라 외부 환경에 의해서 조작된 것일 수도 있다.

■ 소비자는 자유롭게 자기가 원하는 대로 선택한다고 생각하지만, 실제로는 주변에 의해 소비가 암묵적으로 강제된다. 소비는 차이화의 강제 또는 그가 속한 계층의 분위기, 코드에 복종하는 것일 수도 있다.

백화점에서는 유사한 분위기를 일으킬 수 있는 상품들을 한데 묶어서 하나의 세트로 만들어 전시하고 있다. 거기에는 실존하는 생산품 이상의 추상적 기호가 응집되어 있으며 소비에 대한 강력한 메시지가 들어 있다.

광고는 상품을 팔기 위해서 생활에 직접적으로 필요하지도 않은 상품을 꼭 가져야 할 것처럼 생각하도록 유도하고 유행과 소비 패턴을 만든다.

광고는 생활에 직접적으로 필요하지 않은 상품을 '꼭 가져야 할 것'처럼 생각하도록 유도하며, 온갖 미사여구와 매력적인 유명 연예인을 동원하여 소비자를 유혹하고, 유행과 소비 패턴을 만든다.

소비자들은 공급자의 교묘한 설득과 현혹에 이끌려 지갑을 열게 되지만, 실상 소비자가 구매한 것은 광고가 덧씌운 이미지이며, 사람들은 그 가짜 이미지에 비용을 지불하는 것이다.

우리는 광고에 나오는 물건을 가지면 그 집단의 일원이 된 것 같은 착시 현상을 느끼는 가상세계에 살고 있다.　　　　　 - 장 보드리야르

■ 소비자는 자신의 기호에 따라 물건을 선택했고 그 소비의 주체가 되었다고 생각하지만, 처음부터 순수한 개인의 기호는 없었다. 사실은 이미 만들어진 기호에 대한 선택만이 있었던 것이다.

7. 소비의 왜곡

⑤ - 소비 도미노 현상

프랑스의 계몽철학자 디드로(Diderot)는 서재용 가운을 선물로 받았다. 우아한 진홍색 가운을 입고 책상에 앉아 공부하다 보니 책상이 갑자기 초라해 보여서 가운에 어울리는 세련된 제품을 구입했다. 다음에는 의자와 커튼, 시계도 마음에 들지 않았다. 그는 모든 물건을 새로 장만했다. 그러자 서재는 완전히 다른 방으로 바뀌고 말았다. 한 가지 물건을 사면 그에 어울리는 다른 물건을 함께 사게 되는 디드로 효과(Diderot Effect)는 위의 일화에서 유래한다고 한다.

■ 백화점에서는 유사한 분위기를 불러일으키는 상품들을 한데 묶어서 하나의 세트로 진열한다. 이렇듯 자본주의 사회에서 사물들은 파노플리(panoplie, 세트)로 조직되는 특성이 있다. 그 목적은 물론 물건을 많이 팔고자 하는 것이다.

백화점에서는 유사한 분위기의 상품들을 한데 묶어서 하나의 세트로 진열하고 있다. 그 이유는 물론 물건을 많이 팔기 위해서이다. 즉 한 가지 물건을 사면 그에 어울리는 다른 물건도 함께 사게 되기 때문이다.

⑥ - 소비 중독

과소비성향은 고통스럽고 전염성이 있으며 쇼핑 중독, 낭비 및 걱정 등의 증상을 수반한다.

'어플루엔자(affluenza)'는 풍요를 뜻하는 어플루언스(affluence)와 유행성 독감을 지칭하는 인플루엔자(influenza)가 합성된 일종의 신조어로, 이는 비정상적인 소비 태도를 일컫는 말이다. 이는 고통스럽고 전염성이 있으며 쇼핑 중독, 빚, 걱정, 낭비 등의 증상을 수반한다.

한 의사가 진료실에서 값비싼 옷으로 치장한 예쁜 여자 환자를 검진하고 있다. 의사가 말한다. "몸에는 이상이 없습니다." 환자는 도무지 알 수가 없다는 표정이다. "그럼 왜 이렇게 기분이 엉망일까요? 커다란 새 집을 장만하고 차도 최신형으로 사고 새 옷장도 구했어요. 직장에서 봉급도 크게 올랐고요. 그런데도 아무런 흥이 나지 않고 오히려 비참한 생각이 들어요. 도움이 될 만한 약이 없을까요?" 의사는 고개를 가로젓는다. "안 됐지만, 없습니다. 당신의 병에는 치료할 약이 없어요." 환자는 깜짝 놀라 묻는다. "무슨 병인데요, 선생님?" 의사는 어두운 표정으로 대답한다. "어플루엔자에요. 신종 유행병입니다. 감염력이 극히 높아요, 치료는 가능하지만, 쉽지 않습니다."

- 존 더 그라프 외, 『어플루엔자』 중에서

9. 명품소비의 심리
① - 베블런 효과

베블런(T. B. Veblen)은 『유한계급론』에서, 상류계급은 사회적 지위를 과시하기 위해 눈에 띄는 소비를 하고 높은 가격이 책정되어야 소비를 한다고 했다. 유한계급은 최상층으로서, 가격보다는 그 제품이 지니는 사회적 이미지를 구매 기준으로 삼는다. 고가품, 희귀재 소비를 통해 상징권력을 확보하는 것이 중요하기 때문에, 오히려 가격이 오를수록 소비 의욕이 자극된다는 것이다.

가격이 비쌀수록 수요가 증가하는 베블런 효과(Veblen effect)는 소비사회에서 살아가는 사람들의 욕망의 허구성을 보여준다.

■ 명품을 소비하는 사람들은 그들이 상류층이라는 식별기호를 필요로 하기 때문인데, 오늘날은 과거와 달리 취향과 신분이 다차원적 기반을 가지고 있어서, 고가품만으로 신분을 과시하려고 하다가는 저질, 속물로 무시당할 수도 있다.

■ 자신은 남들보다 우월해야 한다는 생각에서 희귀하고 비싼 물건을 선호하고 그 제품을 소비하는 사람이 많아지면 오히려 수요가 줄어드는데, 이것을 속물 효과(snob effect)라고 한다.

상류계급은 사회적 지위를 과시하기 위해 눈에 띄는 소비를 하고 남들이 따라올 수 없는 상징권력을 확보하기 위해 가격이 비쌀수록 더 소비 의욕을 가진다.

최고급 차, 최고급 가방, 최고급 시계 등은 고가품을 구매할 수 있는 상류층이라는 식별기호가 될 수 있기 때문에 부유층은 우월해지고 싶은 속물근성을 드러내고자 명품을 소비한다.

사람들이 과시적 소비를 하는 이유는 차이에 대한 욕구 때문이다. 즉 사람들은 취향을 통해 다른 집단과 차별성을 드러내고 우월심을 갖고자 한다.

고급시계, 비싼 차, 명품가방 등은 내가 누구인지, 어떤 계층에 속하는 사람인지를 드러내주는 명함이다. 그것은 고가품을 구매할 수 있는 경제적 차별성과 세련된 취향을 나타냄으로써 우월해 보이고 싶은 속물근성을 드러내주는 상징기호가 되어준다.

■ 자동차는 단순한 이동수단이 아니라 성공의 상징, 신분의 상징, 모험·속도감·자유로움을 상징하며, 가방과 시계는 물건을 담는 도구, 시간을 알려주는 도구가 아니라, 상류층이라는 식별기호(이미지)가 된다.

그러나 소비를 통해 남들과 차이를 드러내고자 한다면, 사람들은 타자의 욕망에 종속되어 끝없이 소비를 반복할 것이다. 그렇게 되면 경제적으로 쪼들리게 되는 것은 물론, 나의 정체성과 주체성은 사라지고 위화감이 증대되어 전통적 인간관계, 인간적 미덕, 시민의식에 기초를 둔 아름다운 공동체 문화는 손상을 입게 될 것이다.

11. 명품소비의 심리
③ - 헤도니스트 효과

어떤 소비자들은 미적 특성이나 디자인이 뛰어난 제품을 선호하는데, 그 이유는 제품의 기능보다는 자신의 감정과 느낌 등 감성적 요소를 더 중요하게 생각하기 때문이다.

가격이야 비싸지만, 디자인과 사운드가 마음에 들어.

헤도니스트 효과(hedonist effect)는 감성적 가치를 구매 결정의 우선 요소로 보고, 다른 제품에 비해 미적 특성이나 디자인 등의 감성적 요소가 뛰어난 제품이라면 비싼 가격을 지불하고서라도 구매하는 경향을 말한다.

소비자들은 상품의 미적 특성에 주목하며, 뛰어난 미적 특성을 가진 상품을 구매함으로써 자신의 고급스러운 취향을 나타내고 싶어 한다. 이들은 상품을 보면서 느끼는 자신의 감정과 느낌 또는 상품의 소비 과정에서 느끼는 즐거움, 흥분, 만족감 등을 상품 구매의 매우 중요한 판단 근거로 삼는다. 이들에게는 제품의 특별하거나 우수한 기능보다는 디자인과 같은 감성적 요소가 더 중요한 요소로 작용한다. 그러므로 많은 명품들이 소비자들의 이러한 경향을 적극적으로 활용하고 있다.

12. 명품소비의 심리
④ - 퍼펙셔니스트 효과

퍼펙셔니스트 효과(perfectionist effect)는 '품질 가치'가 최우선적으로 구매 결정에 작용하는 소비 효과를 말한다.

퍼펙셔니스트 효과를 중시하는 소비자들 역시 가격적인 요소는 그다지 중요하게 생각하지 않는다. 이들은 최고의 품질을 가진 제품의 소비를 통해 대다수와 구별되는 자신의 우월한 취향을 나타내려고 하며, 품질에 작은 차이를 보이더라도 조금 더 나은 품질의 제품을 구매하기 위해 비싼 대가를 치르는 것을 주저하지 않는다. 이들은 제품의 기능적, 기술적 또는 생산 공정상의 우월성 등이 포함된 품질을 대단히 중요하게 생각하므로, 무차별적인 대중 광고를 통해 물건을 구매하기보다는, 대상 상품과 관련이 있는 전문지나 전문가의 사용 경험 혹은 자신과 비슷한 부류의 주변인들이 칭찬하고 추천한 것을 고려해서 판단한다.

품질 가치를 최우선으로 생각하는 사람들은 가격을 그다지 중요하게 생각하지 않는다. 이들은 최고의 품질을 가진 제품소비를 통해 자신의 우월한 취향을 드러내고자 하며 품질에 작은 차이가 있더라도 비싼 대가를 치르는 것을 주저하지 않는다.

13. 명품소비의 심리

⑤ - 핸드백 효과

『이츠 인 더 백(It's In the bag)』의 저자 위니프레드 갤라거는 여성들은 다음과 같은 이유로 자동차 한 대 값의 핸드백을 든다고 말한다.

남자들은 일에 파묻힌 여자들을 떠나가지만 커리어를 쌓은 덕에 명품가방은 하루 18시간 일에 매달려도 늘 여자들 곁을 지킨다.

옷을 대충 걸치더라도 300만 원짜리 악어 백을 들면, '나는 이런 사람'이라는 사실을 세상에 조용히 각인시킨다. 명품으로 하나의 룩(look)을 완성하려면, 많은 돈을 들이고도 명품 라벨이 겉으로 드러나지 않는다. 하지만 100~200만 원이면 명품 핸드백 하나 살 수 있는 데다 로고가 보이는 곳에 박혀 있어, 누구나 명품이라는 걸 금세 눈치챈다. 한마디로 핸드백은 '사회적 지위'를 한눈에 보여주는 가장 효과적인 물건이 된다.

■ 영국『파이낸셜 타임스』의 칼럼니스트 바네사 프리드먼은 한 칼럼에서 '핸드백 효과'라는 용어를 처음 사용했다. '실용적인 아이템이라도 디자인을 불어넣고, 그 디자인을 정기적으로 바꾸면, 그 물건은 생필품이 아니라 욕망의 대상이 되어 더 많은 소비를 창출할 수 있다.' 이와 같이 생필품에 디자인을 가미하여 패션 품목으로 만들어 소비를 유도하는 것은 오늘날 기업들의 주요 전략의 하나이다.

옷은 대충 걸치더라도 로고가 박혀 있는 비싼 가방을 들고 다니면 나는 이런 사람이라는 사실을 세상에 조용히 알릴 수 있다는 생각에서 사람들은 명품가방을 찾는다.

14. 루이뷔통의 판매전략

루이뷔통은 한정판매 전략을 사용하는데 이것은 소비자의 심리를 교묘하게 이용하는 고강도 이미지 관리정책의 산물이다. 주변의 눈치를 많이 보고 널리 알려진 상품을 갖지 못하면 소외된다고 생각하는 한국, 중국, 일본 사람들이 루이뷔통의 중요한 먹잇감이 되고 있다고 한다.

루이뷔통 매장은 일정 수의 고객만 입장시킨다. 중앙 컴퓨터는 제품을 구입한 고객 명단과 구입 물품 수, 구입 기간 등을 체계적으로 관리한다. 짧은 시간 안에 반복적으로 많은 물품을 구입하려는 사람에게는 팔지 않는다.

한 사람이 같은 물건을 여러 개씩 살 수도 없다. 이렇게 형성된 루이뷔통의 명품 이미지를 소유하기 위해 수많은 사람들이 여행객이나 유학생에게 구매 대행 아르바이트를 시킨다. 수고비를 지출하더라도 더 많이 갖고 싶기 때문이며, 더러는 이렇게 구입한 물건을 가지고 고국으로 돌아가 되팔아도 많은 이윤이 남기 때문이다. 이는 소비자의 심리를 교묘하게 이용하는 루이뷔통의 고강도 이미지 관리정책의 산물이다.

■ 선진국의 상류층은 차이와 개성을 존중하며 브랜드를 선호하는 것을 천박하다고 여기는 데 비해서, 한국, 일본은 주변의 눈치를 많이 보고, 널리 알려진 상품을 소유하지 못한 경우 뒤떨어지고 소외된다는 생각을 갖기 때문에 루이뷔통의 중요한 먹잇감이 된다고 한다.

15. 명품은 상징과 이미지, 껍데기만 남았다

데이나 토마스(Dana Thomas)의 분석에 따르면, 유럽의 상류층은 전통적 명문가이고 큰 저택이나 성에 살고 있어 겉모양으로 확연히 구분되므로, 뽐내거나 명품에 집착할 필요가 없다. 그러나 한국, 일본인은 겉모습으로 큰 차이가 없고 주변 사람의 눈치를 많이 보는 문화에 익숙해져 있어 뒤떨어지지 않게 조바심을 내고, 그 사이에 명품은 대중화되어버린다고 한다.

귀족과 상류층을 전문적으로 상대하는 고급 의상점 파리의 오트 쿠튀르(houte couture)에서는 다음 계절에 내놓을 옷과 소품을 먼저 만들어 권하는 식으로 유행을 만들어간다(이것을 컬렉션(collection)이라 한다). 여기서 만들어진 물건은 최고의 장인이 만들고, 만들 수 있는 수량이 한정되어 있어 비싸고, 가격에는 신경 쓰지 않았는데, 이것이 명품의 기원이다.

그러나 오늘날 다국적 기업은 명품 브랜드를 사모았고, 브랜드 소유주는 장인이 아니라 주주이며, 명품은 브랜드일 뿐이다. 명품은 이제 그 상징성과 이미지, 껍데기만 남았을 뿐이다.

■ 소비사회에서는 개성을 발견하고 즐거움을 찾으라고 외친다. 그러나 그들이 말한 차이화는 상표나 로고, 모델의 선택일 뿐, 균질한 상표나 로고 속에서 개성은 사라진다.

장인이 생산하던 명품은 그 브랜드만 다국적 기업에 인수되어 대량생산이 되고 있다. 명품은 이제 그 상징성과 이미지, 껍데기만 남았음에도 현대인은 자신의 모습이 어떻게 비춰지는지에 신경 쓰며, 이미지로 만든 세계에 스스로를 가두고 있다.

눈요기 쇼핑은 합리적 소비를 위한 사전조사이다. 물건의 선택에는 막중한 책임이 따르기 때문에 현명하게 살아남기 위해 현대인들은 쇼핑방법을 익혀야 한다.

토마스 하인은 『쇼핑의 유혹』에서 쇼핑해야만 살 수 있는 세계(바이오스피어, buyosphere)에서 물건을 산다는 것은 자기 정체성을 표현하는 일과 직결되며, 유행은 우리가 문화에 참여하는 한 방식이라고 주장한다.

토마스 하인은 쇼핑이 현대 소비사회의 병리 현상이라는 관점을 거부한다.

토마스 하인에 의하면, 눈요기 쇼핑은 합리적 소비를 위한 사전조사이고, 쇼핑은 현대 사회에서 현명하게 살아남기 위한 기술이며, 상품을 통해 차이를 주장하는 자기표현이다. 또 구매자는 멍청이가 아니며, 광고를 무조건적으로 받아들이지도 않는다. 소비자는 자신의 행동에 대해 심사숙고하면서 전략을 짜고, 물건을 비교해가며 합리적 소비를 위해 노력한다. 쇼핑은 스스로를 책임지는 행위다.

토마스 하인은, 소비는 이미 오랜 역사를 지닌 사회적 행위이며, 건전하고 현명한 소비는 현대 사회에서 필요한 기본적인 생활방식이므로 쇼핑에 대한 인식을 새롭게 조정할 필요가 있다고 한다.

17. 된장녀의 소비성향

현대인들은 브랜드가 주는 감성과 합리적 가격을 중시하는 가치 소비를 중시하기 때문에 평소에는 알뜰 소비를 하면서도 관심이 있는 대상에는 과감하게 돈을 쓰는 경향이 있다.

초라한 분식집에 들어가 1,500원짜리 라면을 먹으면서도 커피숍에서 비싼 커피를 마신다. 화장품을 싸게 구입하기 위해 두 시간 이상 인터넷을 뒤지지만, 500만 원짜리 명품가방을 사는 데는 돈을 아끼지 않는다.

이 같은 극단적 소비 양식을 보이는 한국의 젊은 여성 소비자들을 '된장녀'라고 부른다. 된장녀는 2006년 인터넷 신조어와 유행어 1위에 오른 단어다.

된장녀는 유행에 민감하여 부유하고 도시적으로 보이지만, 실제로는 자신이 감당할 수 없는 명품을 선호하는 성향을 지닌 여성을 비하해 가리키는 용어다.

된장녀는 브랜드가 주는 감성과 합리적 가격을 중시하는 '가치 소비'를 중시해서, 보통 때는 알뜰 소비를 하면서도 관심 있는 대상에는 과감하게 돈을 쓴다.

이러한 사회 현상은 여성을 무시하고 희화화하려는 남성 중심의 문화에서 비롯된 것일 수도 있고, 소비 중심의 문화에 대한 반발일 수도 있으나, 어쨌든 나와 다른 취향과 가치관을 지닌 사람들을 배격한다는 점에서는 공통점이 있다.

18. 차이를 만들고자 한 소비는
결국 평범함이 된다

나카무라 우사기는 저서 『쇼핑의 여왕』에서 에르메스(Hermes)의 그레이스 켈리 백을 사겠다고 줄을 늘어선 여자들은 평범으로부터 도피하기 위해 에르메스에 매달린다고 했다.

> 나는 특별한 여자가 되고 싶고, 다른 사람과 차별되는 존재가 되고 싶다. 그러기 위해서는 누구나 소유하고 있는 것이 아닌 고가품을 수중에 넣어야 한다. 하지만 이렇게 '탈평범'을 꾀한 일본 여성들이 에르메스의 문전에 쇄도한 결과, 에르메스가 일본 내에서 '평범'한 상표가 되어가는 것은 당연하다고 할 수 있으며, 이는 참으로 아이러니가 아닐 수 없다.　　　　　- 나카무라 우사기, 『쇼핑의 여왕』 중에서

차별화된 특별한 사람이 되고 싶다는 욕망으로 탈평범을 꾀한 결과, 고가의 명품 핸드백 상표는 지하철에서 쉽게 볼 수 있는 평범한 상표, 오히려 피하고 싶은 상표가 되었다.

사람들은 평범으로부터 탈피하기 위해 고가의 명품 핸드백을 소유하려고 하지만 그 결과 그것은 쉽게 볼 수 있는 평범한 상표, 오히려 피하고 싶은 상표가 되었다.

19. 영화 〈악마는 프라다를 입는다〉

영화 〈악마는 프라다를 입는다〉(2006, 데이비드 프랭클 감독)에 나오는 주인공 앤드리아 삭스는 지방의 소도시에서 대학을 갓 졸업하고 운 좋게 세계 최대의 패션잡지 회사 '런웨이(Runway)'에 입사하여 패션계의 살아 있는 전설이자 편집장인 미란다의 개인 비서로 일하게 된다.

그러나 직장상사로서의 미란다는 괴팍하고 자기 멋대로이며, 때로는 어린아이처럼 칭얼대는 악마와 같은 존재임을 금방 깨닫게 된다.

패션에는 관심 없고 진정한 언론인을 꿈꾸던 앤드리아는 몇 달 만에 프라다 등 수많은 패션 명품을 소화해내는 세련된 뉴요커로 변신한다. 그러나 어떤 옷을 입고 어떤 브랜드를 걸쳐야 고상한 패션계의 일원으로 인정받고, 어떤 용어를 구사하고 어떤 매너를 보여주는가가 그 사람의 사회적 지위를 결정하는 소비사회의 시스템에 자신이 매몰되어가는 것에 대해 심각한 회의를 느낀다.

수많은 패션 명품을 소화해내는 세련된 뉴요커가 된 앤드리아의 모습이 진정한 성공이며 그녀의 참모습인가, 아니면 프라다를 입은 악마가 되어가고 있는 것인가?

패션에는 관심이 없었고 진정한 언론인을 꿈꾸었던 앤드리아는 몇 달 만에 수많은 명품 패션을 소화해 내는 세련된 뉴요커로 변신한다. 그 모습이 진정한 성공이며 그녀의 참모습인가 아니면 프라다를 입는 악마가 되어가고 있는 것인가?

우리가 애써 얻고자 하는 인생의 목표는 가짜 목걸이와 같은 신기루일 수도 있다. 허영심으로 겉모습에만 치중하고 내면을 가볍게 여기는 태도는 불행의 씨앗이 된다.

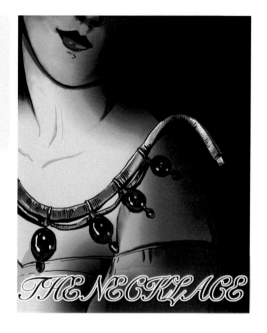

마틸드는 자신이 남보다 뛰어난 미모와 매력을 지니고 있었으나, 운명의 실수로 가난한 집에 태어났다고 생각한다. 그녀는 프랑스의 가난한 하급 공무원인 르와젤과 결혼하게 되었는데, 사치스러운 생활을 하지 못하는 자신의 처지가 항상 불만이었다. 그녀는 우연히 파티에 초대받게 되었는데, 가난하고 구질구질한 모습을 보이고 싶지 않아 무리하게 새 옷을 장만하고 다이아몬드 목걸이를 빌려서 파티에 참석했다. 그러나 목걸이를 잃어버리고 말았다.

결국, 그녀는 빌린 목걸이와 가장 흡사한 다이아몬드 목걸이를 4만 프랑이나 주고 사다 주었고, 엄청난 빚을 진 르와젤 부부는 다락방으로 이사하여 10년 동안 끼니를 걱정하며 가난하고 비참한 생활을 이어간다. 그리고 10여 년이 흐른 후에야 비로소 빚을 다 갚게 된다.

그러나 친구가 그때 빌려준 목걸이는 5백 프랑 정도밖에 되지 않는 가짜였음이 판명된다. 결국, 가짜 목걸이 때문에 르와젤 부인은 10년의 진짜 인생을 허비하게 된 것이다.

■ 우리가 애써 얻고자 하는 인생의 목표는 이러한 가짜 목걸이 같은 신기루일 수도 있다.

21. 소비품 속에 파묻혀 질식해가는 현대인

아르망 〈장기주차장〉 (1982)

이용가치를 다하여 가차 없이 버려져 영원히 콘크리트에 갇혀 있는 폐자동차는 물질 만능의 사회에서 버려지고 소외된 인간의 운명을 상징한다.

　프랑스의 아르망은 59대의 폐자동차를 차곡차곡 쌓아서 1,600톤의 콘크리트를 섞어 작품을 만들어 1982년 파리 근교에 설치했다(이처럼 쓰레기를 이용한 미술을 정크아트라고 한다).

　현대 자본주의 사회에서는 넘치는 부와 풍요로 과소비를 하며 생활하지만, 아무리 비싸고 성능 좋은 자동차도 내구 연한이 끝나면 가차 없이 버려져 쓰레기 더미가 된다. 콘크리트 속에 갇힌 찌그러진 자동차는 소비품 속에 파묻혀 질식해가는 존재, 버려지고 소외된 존재로서의 현대인을 연상케 한다.

오늘날은 육체도 소비의 대상이다. 장 보드리야르에 의하면, 육체는 주체의 자율적인 목적에 따라서가 아니라, 소비사회의 규범인 향락과 쾌락주의적 이윤 창출의 원리에 따라 다시 만들어지고, 사회적 지위를 표시하는 여러 기호의 하나로서 조작된다. 육체의 발견은 신에 대항하여 인간성을 얻기 위한 투쟁이었으나, 오늘날은 육체 그 자체가 신성시되어 영혼 숭배에 이어 이데올로기적 기능을 하고 있다.

육체는 이제 하나의 관리 대상이며, 투자를 위한 자산처럼 다루어진다. 광고, 대중문화는 젊음, 우아함, 여자다움 또는 남자다움과 미용, 건강, 날씬함을 강조하고, 현대인들은 강박관념 속에서 육체를 관리하고 개선하는 데 많은 돈을 소비한다.

> 오늘날 육체는 장식용 소품이며 배려의 가장 아름다운 대상이다. 육체는 기능적 사물로 관리·정비되고 투자되어야 할 자산이자 사회적 기호이며, 소유되고 조작되고 소비되는 대상이다.
>
> - 장 보드리야르,『소비의 사회』중에서

오늘날 육체는 장식용 소품이며 대단한 배려의 대상이다. 소비사회는 육체를 잘 관리되고 정비되어야 할 자산이자 사회적 기호로 인식하게 함으로써 육체에 막대한 투자를 하도록 유도한다.

23. 소비는 인간의 욕망을 충족시킬 수 있는가?

소비사회에서는 더 나은 기능과 디자인을 가진 제품이 끝없이 쏟아진다. 따라서 소비는 욕구를 만족시키는 순간 또 다른 결여를 만들어내고 결여 → 소비 → 충족 → 결여 → 소비의 악순환이 되풀이된다.

    소비는 그 욕구를 만족시키는 순간 또 다른 결여를 만들어낸다. 인간은 계속적으로 더 나은, 더 나를 돋보이게 하는 물건을 필요로 하며, 새로운 기능과 디자인을 갖춘 제품이 끝없이 쏟아진다.

    이 때문에 소비 욕구는 또 다른 욕구를 만들어내고, 소비를 통한 만족은 일시적인 데 그치게 되므로 소비를 통해서는 욕망을 충족시킬 수 없다. 더구나 오늘날의 소비는 기호 소비, 구별 짓기를 위한 이미지 소비인데, 차이를 만들고자 하는 이미지로서의 관념은 아무리 소비해도 만족에 이를 수 없기 때문에, 소비를 통해서는 영원히 욕망을 충족시킬 수 없는 것이다.

    이렇게 해서 결여→소비→충족→결여→소비의 악순환이 되풀이되고, 자본주의 사회에서의 소비는 결국 충족과 결여를 동시에 발생시키는 병 주고 약 주는 구조를 가지게 된다.

  ■ 소비로는 인간의 욕망을 절대로 만족시킬 수 없다. 사람들은 언제나 더 많이 더 좋은 것을 가지려고 하나, 세상에는 언제나 더 갖고 있는 사람, 더 좋은 것을 가진 사람이 있기 때문이다.

24. 경험을 소비하라!

사람들이 구매활동 후에 느끼는 만족에 대한 리프 반 보벤(Leaf Van Boven)과 토머스 길로비치(Thomas Gilovich)의 연구 결과에 의하면, 물질은 우리에게 생각만큼 큰 행복을 주지 않으며 경험이 오래도록 만족감을 준다고 한다.

새 물건을 살 때는 행복하지만 금방 질리고 구매 후의 우리 모습도 크게 달라지지 않으며, 본전을 생각하면 오히려 좌절감을 느낄 수도 있다. 그러나 멋진 경험과 짜릿한 경험, 긴장과 모험의 순간, 감동적인 순간, 값진 추억이 주는 만족감은 장시간 지속되며 오래도록 기억에 남아 삶의 이정표가 되어준다.

물건은 퇴색, 부패하거나 분실되어 언젠가 버려질 수도 있지만, 경험은 한 사람의 정체성을 이루기 때문에 쉽게 사라지지도 않는다.

또 소유물은 개인적이어서 누구와 공유할 수 없고 사람의 우열을 가르거나 모욕감을 주기도 하지만, 경험은 사회적인 것이어서 타인과 공유함으로써 더 끈끈한 유대관계와 친밀감을 느끼게 되고, 좋은 경험을 이야기하는 것은 타인을 즐겁게 하고 가르침을 줄 수도 있다. 이 때문에 행복을 위해서는 물건보다 경험을 구매하는 것이 더 낫다는 것이다.

멋진 경험, 짜릿한 경험, 긴장과 모험 순간의 감동은 장기간 지속되고, 그 체험은 삶의 일부가 되어 오래도록 기억에 남아 삶의 이정표가 되어준다. 행복을 위해서는 물건보다 경험을 구매하는 것이 효율적이다.

6

가족·결혼

제6장 가족·결혼

1. 가족은 사랑과 행복의 근원
① - 〈모리와 함께한 화요일〉(미치 앨봄)

모리 교수는 죽어가는 절박한 상황에서 가족에 의지하여 시간을 보냄으로써 따뜻한 가족애가 공포를 극복하고 인간을 행복하게 해준다는 것을 보여주었다.

요즘 세대는 자녀를 양육하는 데 부담이 크다. 자신을 앞가림하는 것도 어려운 처지에, 결혼하고 어버이 노릇 하는 것이 자신을 얽어맨다고 생각한다.

영화 〈모리와 함께 화요일〉에서 주인공은 이 문제에 대하여 고민하다가 스승 모리 교수를 찾아간다. 선생님의 가족이 모여 있을 때는 애정이 폭포처럼 흘러났고, 입맞춤과 농담이 수없이 오갔다. 그리고 침대 곁에 쪼그리고 앉아 손을 잡아주는 광경은 이 가족에게 특별한 일이 아니었다.

모리 선생님은 이렇게 말했다.

"사람들이 자식을 낳아야 하느냐 낳지 말아야 하느냐 물을 때마다, 나는 어떻게 하라곤 말하지 않네. '자식을 갖는 것 같은 경험은 다시 없지요'라고 간단하게 말해. 타인에 대해 완벽한 책임감을 경험하고 싶다면, 그리고 사랑하는 법과 가장 깊이 서로 엮이는 법을 배우고 싶다면, 자식을 가져야 하네."

자식은 책임감을 느끼고 사랑하는 법, 서로 깊이 관계 맺는 것을 배울 수 있는 최상의 경험으로서 삶에서 포기할 수 없는 것이다. 살아간다는 것이 사랑하는 법을 배우는 것이라면 더욱 그러하다.

② - 가족의 힘

　1844년 미국 로키 산맥의 돈너 계곡에서 6개월간 갇힌 채 추위와 굶주림에 맞서 싸워야 했던 70여 명의 서부 개척민이 있었다. 40명의 희생자를 낳은 사투 속에서 가장 높은 생존율을 기록한 그룹은 고독과의 싸움에 익숙한 독신남이 아니라, 노약자가 많은 대가족이었다.

　15명의 독신남 중 생존자는 3명에 불과했지만, 대가족은 아무리 노약자가 포함되었더라도 가족의 크기에 비례해 높은 생존율을 기록했다.

　가족의 위력은 1973년의 영국 서머랜드 호텔 화재 사건에서도 확인되었다. 사망 51명, 부상 400여 명의 기록을 남긴 이 화재에서 가족 구성원의 67%가 서로를 찾기 위해 움직인 반면, 친구 사이인 사람들은 75%가 자기 살길을 찾아 나선 것으로 밝혀졌다.

　이러한 조사결과는 복지국가의 신화가 무너진 상황에서 출산율 하락과 노령화로 인한 가족 해체가 낳을 파국을 막기 위해 가족의 재탄생이 필요하다는 주장에 설득력을 더해주고 있다.

　가족의 위력은 수많은 희생자를 낳은 끔찍한 재난현장에서 확인된다. 가족이 있는 그룹은 서로를 구하기 위해 애쓰기 때문에 생존율이 더 높다고 한다.

3. 가족은 고통이자 부담이다

① - 〈변신〉(프란츠 카프카)

어느 날 아침, 직물 회사 외판원인 그레고르는 갑옷처럼 딱딱한 등과 아치형으로 부풀어오른 갈색의 배, 꿈틀거리는 수많은 다리를 가진 흉측한 벌레로 변해 있음을 알게 된다.

가족들은 이렇게 변신한 그를 발견하고 처음에는 까무러치게 놀라고, 그 놀라움은 차츰 슬픔과 절망으로 이어진다. 5년 전 아버지가 갑자기 파산한 뒤부터 가족의 생계는 물론 빚까지 그레고르가 떠맡고 있었던 것이다.

가족들은 처음에는 감동적인 가족애를 발휘하여 이 흉측한 벌레를 돌봐주면서 하루라도 빨리 그가 다시 인간으로 돌아오기를 바랐다. 그러나 시간이 지날수록 연민은 사라지고 귀찮다는 생각이 들기 시작하여, 마침내 없어졌으면 하는 존재로 여기게 되었다.

아버지는 그에게 사과를 집어 던져 등에 박히게 되고, 사과가 썩어 등이 곪는다. 더 이상 그레고르는 돈을 벌어 생계를 책임지던 예전의 든든한 아들이자 오빠가 아니라, 이제는 남 보기에 창피한 한 마리 벌레에 불과했다.

가족의 생계를 책임지고 있던 그레고르가 벌레로 변하게 되자 식구들은 그가 없어져야 한다고 생각한다. 돈을 벌어주던 가족이 사고를 당해 흉한 외모를 갖게 되었을 때 비정한 사회에서는 이와 유사한 상황이 발생할 수도 있다.

4. 가족은 고통이자 부담이다
② - 〈변신〉(프란츠 카프카)

그레고르는 가족들의 냉대와 폭력, 증오 속에서 고독하게 죽어간다. 자신이 가족을 위해 할 수 있는 일은 죽어주는 것밖에 없다고 생각하고 스스로 죽음의 길을 선택했다.

그레고르가 죽은 후 가족들은 악몽을 떨쳐버리고 분위기를 바꾸기 위해 교외로 소풍을 간다. 따뜻한 봄 햇살이 비쳐드는 전차 안에서 여러 가지 일들을 상의하고 장래의 희망을 이야기하며, 그들끼리 훈훈한 가족애를 확인한다. 이제는 이미 아름답고 매력적인 여성으로 자란 딸이 있었고, 그레고르가 없더라도 그녀가 가족의 생계를 떠맡을 수 있기 때문에, 그레고르가 없는 것이 아무런 문제가 되지 않는다. 그들에게는 지금 그레고르가 죽어버린 것이 오히려 홀가분하고 다행스러울 뿐이다.

■ 카프카 연구자 엠리히는 가족이 아름답고 애정 어린 관계에 근거한 것이라는 생각은 착각일 수도 있다고 했다. '가정'하면, 사람들은 자유, 행복, 사랑, 아늑함. 프라이버시 등의 단어를 떠올리지만, 반드시 그렇지는 않다.

■ 가족은 위로와 안식이 되기도 하지만, 가족이기 때문에 오히려 더 큰 상처를 줄 수도 있다.

그레고르는 가족의 냉대와 폭력, 증오 속에서 고독하게 죽어간다. 가족들은 그가 죽은 것이 오히려 홀가분하고 다행스럽다. 가족들은 악몽을 떨쳐버리고 분위기를 바꾸기 위해 소풍을 간다. 사람들은 '가정'하면 자유, 행복, 사랑, 아늑함 등을 떠올리지만, 그 생각은 착각일 수도 있다.

5. 가족은 고통이자 부담이다

③ - 〈아무도 기다리지 않았다〉(일리야 예피모비치 레핀)

사회변혁에 동참하여 유배를 떠났다가 돌아온 혁명가는 가족의 품으로 돌아왔지만 아무도 그를 반겨주지 않는다. 문가에 서 있는 여인은 걱정스러운 표정으로 바라보고 있고, 혁명가의 어머니는 어쩔 줄 몰라 엉거주춤 서 있다.

탁자 앞에서 공부하던 아이들도 반가움보다 불안한 눈빛을 하고 있다. 이념가로 인하여 고통받았던 가족들은 내면의 마음을 숨기지 못하고 표정에 드러내고 있는데, 이 그림은 한 가족을 통해 19세기 말 격동의 시대에 러시아가 처해 있는 상황을 잘 보여준다. 가정은 아늑한 안식처이고, 가족은 살아가는 힘을 주는 원천이다. 그러나 때로는 가족이 고통이고 짐이 될 수도 있다.

사회변혁에 동참하여 유배를 떠났다가 돌아온 혁명가는 가족의 품으로 돌아왔지만 아무도 그를 반겨주지 않는다. 그를 보는 가족의 눈길은 오히려 불안해 보인다.

일리야 예피모비치 레핀
〈아무도 기다리지 않았다〉(1984)

6. 자녀가 행복의 원천이라는 믿음은 착각인가?

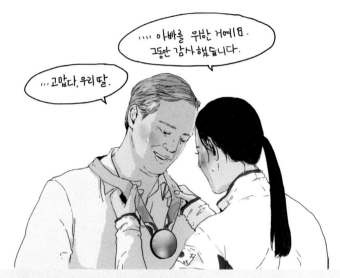

많은 부모들은 자녀를 돌보는 문제로 일상적 활동에서 방해를 받고 있으며 총량을 비교해 볼 때 자녀는 부모의 행복에 부정적 영향을 끼친다. 그럼에도 불구하고 사람들이 자녀가 행복의 원천이라고 믿는 이유는 강렬한 몇몇 순간이 주는 감동이 인상적이었기 때문에 자녀들로 인해 늘 겪어온 괴로움을 쉽게 잊기 때문이라고 한다.

조르디 쿠아드박(Jordi Quoidbach)은 『행복한 사람들은 무엇이 다른가』(2010)에서 자녀들은 행복에 매우 미미한 영향을 미치거나 오히려 부정적인 영향을 미친다고 했다. 그는 실제로는 많은 부모들이 자녀를 돌보는 문제로 일상적 활동에 방해받고 있으며, 자녀가 완전히 독립할 때 제2의 청춘을 맞이한다고 주장했다.

성장한 자녀를 떠나보낸 부모들이 느끼는 외로움(빈 둥지 증후군, empty nest syndrome)은 사실상 미디어가 만들어낸 환상이라는 것이다. 그럼에도 불구하고 자녀가 행복의 원천이라고 믿는 이유는 첫째, 강렬한 몇몇 순간이 주는 감동이 인상적이었기 때문에 자녀들로 인하여 늘 겪어온 괴로움을 쉽게 잊는 인간의 기억작동 방식 때문이고, 둘째, 인간은 비싼 금액을 지불한 물건에 대하여 더 소중하게 여기는데, 자녀에게 지불한 대가가 워낙 크기 때문이다. 즉 자녀에 대한 투자를 정당화하기 위해서는 만족감이 크다고 느껴야 하고, 그것은 인간의 판단 오류라는 것이다.

7. 전형적인 가족 이데올로기

밖에서 열심히 일하는 아빠, 감성으로 가정을 화목하게 만드는 엄마, 평화로운 휴식을 위한 보금자리에서 사랑받으며 자라는 아이들, 이러한 모습들은 광고나 드라마를 통해 끊임없이 반복되고 재생산되어, 행복한 가족의 모습처럼 느끼게 한다.

오늘날은 이혼, 재혼, 별거, 기러기, 입양, 편부모 가정, 동성애 가정, 주말 가족 등 다양한 형태의 가족이 있을 수 있는데, 위와 같은 전형적인 가족 이데올로기는 행복을 뻔한 틀 속에 가둠으로써 많은 사람들에게 불행을 안겨줄 수도 있다.

영국의 사회학자 다이애나 기틴스는 위와 같은 가족 이데올로기를 모든 문화에 적용하려는 것은 편협한 생각이며, 가족이라는 이름으로 묶어주는 것은 정해진 개념이나 사회적 약속이 아니라, 스스로 가족으로 인정하는 주관성이라고 했다. 다이애나 기틴스는 이상적인 가족이라는 환상에서 벗어나 현실에 존재하는 다양한 대안 가족의 형태를 인정하고, 가족에게 떠넘겨진 책무를 국가의 몫으로 되돌릴 줄 아는 시민의식이 필요하다고 주장했다.

■ 우리는 혼자서도 행복하고, 헤어져서 다른 사람을 만나서도 행복하고, 혈연관계 없이도 같이 살아서 행복한 가족을 말할 수 있어야 한다.

열심히 일하고 정성으로 돌보는 부모가 있는 아이, 주말이면 놀이공원에서 즐거운 시간을 갖는 가족, 이러한 광경은 전형적인 가족의 모습으로 광고, 드라마 등을 통해 끊임없이 반복되고 재생된다. 그러나 이러한 전형적인 가족 이데올로기는 행복을 뻔한 틀 속에 가둠으로써 많은 사람들에게 불행을 안겨줄 수도 있다는 비판을 받고 있다.

전통적인 결혼은 서로 사랑하는 남녀의 결합이 아니라 생존을 위한 남녀의 노동력 분배, 자손을 낳아 가족의 노동력을 증가시키는 일이었으며 나아가 사돈을 통한 결연으로 권력을 강화하거나 재산을 보전하는 중요한 경제적·정치적 거래로서 가문 전체의 이해관계가 걸린 공적인 문제였다.

오늘날 결혼에서 가장 중요한 조건이자 근거로 꼽히는 것은 사랑이다. 그러나 사랑을 기반으로 하는 결혼이라는 관념이 생기기 시작한 것은 얼마 되지 않으며, 그러한 관념 또한 벌써 흔들리고 있다.

결혼은 흔히 생각하는 것처럼 사랑하는 남녀가 만나 사랑의 완성을 위해 평생을 함께하고자 가정을 꾸리는 낭만적인 일이 결코 아니었다. 또 인류 역사상 대부분의 기간 동안 결혼은 개인적인 욕구를 충족시키기 위한 것만도 아니었다. 결혼은 평생의 반려자를 구하고 자식을 양육하기 위한 일인 동시에, 좋은 가문과 사돈을 맺고 가족의 노동력을 증가시키는 일이기도 했다.

전통적으로 결혼은 남녀의 분업을 통해 노동력을 분배하고, 사돈을 통한 동맹 맺기로 권력을 강화하거나 재산을 보호하는 역할을 해왔다. 오랫동안 결혼은 정치적·경제적 거래였으며, 신랑, 신부, 그를 둘러싼 인물들 모두의 이해타산이 걸려 있는 중요한 사업이었다.

18세기 말까지 대부분의 사회에서는 결혼이 경제적·정치적인 면에서 너무나 중요한 제도였기 때문에 두 사람의 자유로운 선택에 맡겨둘 수 없는 문제였고, 결혼은 근본적으로 사랑과는 관계가 없었다.

9. 사랑과 결혼

남녀의 사랑을 바탕으로 하는 결혼관은 시장경제가 전파되고 계몽주의가 전파된 18세기 말 이후부터 본격적으로 등장하였다. 배우자를 자유로이 선택할 수 있어야 한다는 이러한 결혼관은 당시로서는 매우 급진적인 사상이었고 사람들은 과격한 개인주의가 가져올 위험성을 우려하였다.

근대 이전 결혼은 개인적인 문제가 아니라 가족, 나아가 가문 전체의 이해관계가 걸린 공적인 문제였다. 그러나 계몽사상의 보급, 미국의 독립전쟁과 프랑스혁명 정신(자유·평등·박애)의 전파로 인해 결혼이 개인의 인권과 관련 있는 사적인 일로 정착되고, 양성평등이 강조되면서 결혼은 남성과 여성의 동등한 관계를 기반으로 사랑이라는 기반 위에서 이루어져야 하는 일로 여겨졌으며, 과거에 결혼의 부산물로 여겨졌던 사랑이 결혼의 필수 불가결한 요소가 되었다.

그러나 전통적인 사고방식은 '사랑'이라는 '비이성적이고 덧없는 것'을 기반으로 하는 급진적 결혼관을 결코 용납할 수 없었고, 수천 년간 내려온 전통과 단절하고 비이성적이고 맹목적인 사랑을 기반으로 하는 결혼의 위험성과 이것이 가져올 과격한 개인주의를 우려했다. 그리고 이러한 풍조가 통제 불능의 상태를 야기할 것이라고 전망했다.

사랑을 기반으로 하는 결혼 시스템은 이혼 증가, 저출산, 독신주의자의 급증이라는 사회문제를 야기하고, 오늘날은 동성 결혼, 동거, 싱글 맘 등 다양한 형태의 결혼이 등장하여 결혼제도 자체를 뒤흔들고 있다.

인류의 미래에도 결혼이라는 제도가 유지될 것인지에 대해서는 누구도 단언할 수 없으며, 남녀 간의 결합 방식은 계속 진화해갈 것이다.

10. 이기적 유전자의 논리와 결혼

　이기적 유전자 이론은 생명체는 유전자에 의해 창조된 기계이며, 그 기계의 목적은 주인인 유전자를 보존하는 것이라고 설명한다. 이기적 유전자 이론에 의하면, 유전자는 생존에 이득이 되는 것은 발전시키고 해가 되는 것은 도태시키면서 진화를 거듭하게 된다.

　인간이 배우자 선택에 있어 경제적 문제를 중시하는 것은 출산과 양육을 통해 종족을 보존·유지하려는 이기적 선택의 결과다.

　어미는 책임질 수 있는 만큼의 새끼를 낳아 기르려고 하며, 인간 역시 예외는 아니다. 과거에는 자식을 많이 낳는 것이 유전자 보존에 유리하고 생산력을 높여 종족보존에 유리했으나, 오늘날은 의료 기술의 발달로 성장 과정에서 죽는 일이 드물고 양육비용이 증가하여 아이를 많이 낳는 것이 생존에 불리하게 작용한다.

　이기적 유전자의 논리에 따르면, 핵가족은 높은 교육수준과 노동력을 요구하는 근대자본주의 체제에서 생존하기 위한 이기적 선택이다.

진화심리학에서는 인간이 배우자를 고를 때 외모와 경제적 능력을 중시하는 것은 우수한 후손을 얻고 자녀양육에 유리한 조건을 획득함으로써 출산과 양육을 통해 종족을 보존·유지 하려는 이기적 선택으로 설명한다.

11. 진화론의 입장에서 본 결혼의 조건

　진화 심리학자 도널드 시먼스(Donald Symons)와 데이비드 버스(David Buss)는 남성이 젊고 건강하며 피부가 밝고 윤기 흐르는 머릿결을 가진 S 라인의 글래머 여성을 좋아하는 것은 다산(多產)의 가능성이 있기 때문이며, 남성이 가급적 많은 파트너와 성관계를 가지려 하는 것도 번식상의 이득을 위한 것이라고 한다.

　한편, 여성은 건강하고 능력이 있으며, 여성을 배려하는 남성을 선호하며, 성관계를 맺을 때 남성에 비해 훨씬 신중한 태도를 보이게 된다고 한다. 결국, 인간도 다른 생명체와 마찬가지로 자신의 유전자를 최대한 존속·번영시킬 수 있는 방향으로 배우자를 선택한다는 것이다.

　그러나 위와 같은 이론은 각 사회의 특성을 무시하고 남녀의 보편적·생리적 특성을 지나치게 강조하여 성급하게 일반화하는 오류라는 비판을 받는다.

■ 우수한 후손을 남기기 위해서는 유전적으로 최적의 결혼 상대를 선택해야 하는데, 사랑이 이것을 방해한다. 사랑은 첫눈에 불꽃 튀는 매력에 의해 좌우되며, 양질의 후손을 생산하는 데 불리하게 작용한다. 따라서 결혼을 진화론의 시각에서 성 선택의 논리로 설명하는 데는 한계가 있다.

* 밝고 투명한 피부
* 윤기나는 머리
* 글래머러스한 몸매

진화심리학에서는 남성이 밝고 윤기 흐르는 머릿결을 가진 S 라인의 글래머 여성을 좋아하는 것은 번식상의 이익이 있기 때문이라고 설명한다. 그러나 이러한 이론은 각 사회의 특성을 무시하고 성급한 일반화의 오류를 범하고 있다.

12. 초라한 더블보다 화려한 싱글

결혼해서 한 남자의 상냥하고 좋은 아내가 되어 행복을 누린다는 기존의 결혼관은 여성의 자아실현에 걸림돌이 될 수도 있다. 헬렌 브라운은 여성은 하나의 정체성을 기반으로 한 인간으로 자립할 때 진정한 행복이 성취될 수 있다고 한다.

여성들은 결혼하면 멋진 남성의 상냥하고 좋은 아내가 되어 사랑받고, 자원봉사를 하고, 자선기금도 모으며, 주 1회는 미술관에도 가는 여유 있는 생활할 수 있을 것이라고 기대한다. 그러나 헬렌 브라운은『초라한 더블보다 화려한 싱글이 낫다』에서 "낡은 사고방식에 젖은 불쌍한 아가씨여! 남들이 부러워하는 재산과 미모만이 인생의 정답은 아니다. 자신의 일을 가져라!"라고 말한다.

헬렌 브라운에 의하면, 부자와 결혼하더라도 아내나 어머니 역할에 만족하며 멍청히 있다가는, 고급 승용차와 함께 차고에 버려지고 만다.

헬렌 브라운은 돈이 있고 없음에 상관없이, 남편 이외의 뭔가가 속해 있는 여성 쪽이 남성의 마음을 언제까지나 끌 수 있으며, 요즘 남자들은 여자들의 급료도 사랑하기 때문에 여성들도 자신의 일을 가져야 한다고 주장한다.

요컨대 기존의 결혼, 가족 관계는 여성의 자아실현에 걸림돌이 될 수 있다. 여성은 하나의 정체성을 기반으로 한 인간으로 자립할 때 진정한 행복이 성취될 수 있다는 것이다.

13. 행복한 결혼생활의 지속

르네 마그리트의 그림에 나오는 성채는 바위로 된 굳건한 기초 위에 서 있다. 그러나 견고해 보이는 성채는 허공 중에 떠 있다. 우리가 진리라고 믿어온 것들은 이같이 허약한 기초 위에 세운 것일 수도 있다. 결혼의 원천이 되는 사랑이라는 기초도 이처럼 허약한 토대일 수 있다.

정열적 사랑은 오래 지속되지 않는다. 사랑이 시작될 때는 끌림이 모든 것을 덮어주지만, 시간이 지나면서 비판적 시각이 작동하고 애정은 퇴색된다. 좋은 사랑을 유지하기 위해서는 즐거운 기억, 위기를 함께 극복했던 기억을 회상하고, 끈끈한 유대관계를 이어나가면서 일상을 소중한 것으로 만들어나가야 한다. 또 창의력을 발휘하여 때때로 변화를 주어야 한다.

성채는 바위로 된 굳건한 기초 위에 서 있다. 그러나 성채의 기초가 된 바위는 허공 중에 떠 있다. 결혼의 원인이 되는 사랑이라는 기초도 일시적이고 덧없는 감정이라는 허약한 토대일지도 모른다.

르네 마그리트
〈피레네 산맥의 성채〉(1961)

모든 것이 편리해진 현대문명 속에 살아가면서 결혼은 필수가 아니라고 생각하는 사람들이 많아지고 있다. 결혼할 것인가, 안 할 것인가 한다면 어떤 형태로 결혼생활을 유지할 것인가 하는 것은 결국 개인의 가치관에 따른 선택의 문제로 귀결된다.

사랑과 애정은 결혼의 가장 중요한 요소다. 그러나 역사적으로 볼 때 결혼은 애정에 기초를 둔 관계가 아니었으며, 그것이 육아와 종족보존, 인간의 생존에 가장 적합한 형태였기 때문에 유지되어왔다. 이렇게 본다면 사랑만이 유일한 요소가 되는 결혼이란 환상에 불과할 수도 있다.

'연애는 행복한 오해이고, 결혼은 참담한 이해이다', '연애 감정은 4년을 넘기기 어렵다', '조건 없는 사랑을 하기 위해 조건 맞는 남녀가 만나 결혼을 한다' 등의 여러 가지 표현이 있다. 나에게 필요한 사람과 내가 좋아하는 사람이 다르다는 데서 결혼의 모순이 발생한다.

모든 것이 편리해진 현대문명 속에 사는 사람들에게는 결혼이 생존에 필수적인 것이 아니다. 결혼하지 않고 행복하게 사는 사람도 많이 있고, 결혼이 필수적인 것이 아니라는 젊은이들도 늘어나고 있다. 결혼에 대하여 환상도 절망도 가질 필요가 없으며, 결혼을 할 것인가 말 것인가 한다면, 어떤 사람과 결혼할 것인가(사랑이냐 조건이냐) 하는 것은 결국 개인의 가치관에 딸린 선택의 문제가 될 것이다.

15. 가족·결혼에 관한 명언

Home is the place where, when you have to go there, they have to take you in.
가정은 당신이 그곳에 가고자 할 때 흔쾌히 받아주는 곳이다

Marriage is the miracle that transforms a kiss from a pleasure into a duty.
결혼은 키스의 기쁨을 의무감으로 만드는 기적이다.

Marriage is a book of which the first chapter is written in poetry and remaining chapters in prose.
결혼은 첫 장은 시가로 쓰였다가, 나머지는 무미건조한 산문으로 꾸며진 책이다.

A married man is a caged bird.
결혼한 남자는 새장에 갇힌 새다.

A forest bird never wants a cage.
숲 속의 새는 새장을 결코 원하지 않는다.

A man dreads when he thinks of marrying, it's separating himself from all others.
남자가 결혼을 생각할 때 두려워하는 것은 다른 모든 여성으로부터 분리되는 것이다.

There is nothing like staying at home for real comfort.

진정한 휴식을 위해서는 집에 있는 것보다 더 좋은 것은 없다.

Before marriage a man yearns for a woman.

결혼 전에 남성은 여성을 갈망한다.

Age and wedlock tame man and beast.

나이와 결혼은 남자와 짐승을 길들인다.

what a mother sings to the cradle goes all the way down to the coffin.

어머니가 요람에서 불러준 노래는 관에까지 간다.

The proper basis for marriage is mutual misunder-standing.

결혼의 적절한 기반은 상호 간의 오해다.

Marriage is a three ring circus; engagement ring, wedding ring and suffering.

결혼은 세 개의 링으로 하는 곡예다. 약혼반지, 결혼반지 그리고 고통.

Prudent men choose frugal wives.

신중한 남자는 검소한 부인을 선택한다.

Don't choose your wife at a dance hall.

부인을 무도회장에서 선택하지 말라.

작은 집에서의 기쁨이
궁궐에서의 슬픔보다 낫다.

Better joy in a cottage than sorrow in a palace.

A cabin with plenty of food is better than a hungry castle.

많은 음식이 있는 오두막이
배고픈 성보다 낫다.

7

대상에 대한 인식

제7장 대상에 대한 인식

1. 인식의 상대성
① - 인간은 만물의 척도

피타고라스는 "인간은 만물의 척도"라고 했다. 굶주린 자의 눈에 보이는 세계는 배부른 자의 것과는 다르다. 추위에 떠는 자에게는 바람이 시리나, 떨지 않는 자에게는 그렇지 않다. 누구의 감각이 옳은 것인지는 알수 없고, 감각으로 인지되는 것들은 나름대로 다 진실이다. 모든 인간은 각자의 기준과 전제조건으로 만사를 판별한다는 점에서 자기 나름대로는 만물의 척도이다. 인간의 감각과 기분은 시시각각으로 변하는 것이므로 객관적 진리는 존재하지 않는다.

■ 소피스트들은 인간의 시각은 모두 다르고 인간에 따라 진리는 상대적일 수 있다고 주장하여, 보편타당한 진리를 인정하지 않았다. 그러나 소크라테스 이후 서양 철학에서는 소피스트들을 도덕의 파괴자로 간주했고, 주관적인 것은 진리와 별개로 인식하여왔으며, 절대 진리의 부정은 선(善)을 부정하는 것으로 보아 윤리적으로 매우 위험하다고 생각했다.

추위에 떠는 자에게는 바람이 시리나 떨지 않는 자에게는 그렇지 않다. 누구의 감각이 옳은지는 알 수 없고 감각으로 인지되는 것들은 나름대로 다 진실이다. 인간의 시각은 모두 다르기 때문에 진리는 상대적일 수 있다.

2. 인식의 상대성
② - 오리, 토끼

이것은 오리도 토끼도 아니다. 오리나 토끼로 보이게 하는 것은 마음의 작용이다.

위의 그림은 유머 주간지 『디 플리겐덴 블라터(Die Fliegenden Blätter)』에 실렸던 장난 그림이다. 오리를 보려고 하면 토끼의 이미지가 지워지고, 토끼를 보려고 하면 오리의 이미지가 사라져서, 우리는 이 두 가지 해석을 동시에 체험할 수는 없다.

이것은 오리도 토끼도 아니다. 그것을 오리나 토끼로 보이게 하는 것은 마음의 작용(변형)이다.

3. 인식의 상대성
③ - 노파, 젊은 여자

하나의 형상은 또 다른 형상을 숨기고 있다. 발견되지 않은 다른 모습을 찾아 나설 때, 관점을 바꾸어 다르게 생각할 때 우리는 새로운 세계로 한발 더 나아갈 수 있다.

　위의 그림은 젊은 여자의 옆모습으로 볼 수도 있고, 젊은 여자의 왼쪽 귀를 눈, 안면 윤곽을 코, 목의 주름을 입으로 본다면 노파로 보인다. 하나의 형상은 또 다른 형상을 숨기고 있으며, 관점을 바꾸어 다르게 생각해보면 일상 속에서도 의외의 모습을 자주 발견할 수 있다.
　또 다른 모습을 찾아 나설 때 우리는 새로운 세계로 한발 더 나아갈 수 있다.

가드너는 다림질하려고 모자가게에 들어갔다가 모자가게 주인으로부터 그의 머리는 보통이라는 말을 듣는다. 이 일을 통해 가드너는 사람들이 제각기 자기만의 창틀로 인생을 들여다보는 버릇이 있음을 알게 된다. 재단사는 의복을, 치과의사는 치아를 보고 상대방을 판단하고, 실업가는 회계실의 열쇠 구멍으로, 금융업자는 개인이 소유한 재산의 규모로, 미술가는 집안의 작품들을 보고 사람을 평가한다.

이처럼 우리는 모두 각자의 취미나 직업적 성격에서 비롯된 편견으로 물든 안경을 쓰고 인생을 사는 것이고, 이웃 사람을 우리 자신의 잣대로 재고 자기 방식의 산술에 의해 계산하며 세상을 주관적으로 보기만 할뿐, 객관적으로 보려 하지 않는다는 것이다.

■ 인간의 판단은 주관적이어서 한계를 지닐 수밖에 없고, 객관적인 잣대로 사물과 세상을 평가하는 것은 어렵다. 자신의 경험과 지식이 상대적일 수 있음을 인정하고, 유연하고 열린 관점으로 세상을 바라보아 서로의 입장과 생각을 존중하는 태도가 필요하다.

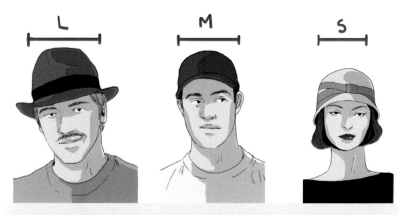

모자가게 주인은 머리의 크기가 직업과 관련이 있고, 머리가 크지 않으면 대단하지 않은 인간이라고 생각한다. 사람들은 제각기 자신만의 창틀로 인생을 들여다보는 버릇이 있으며 우리는 모두 각자의 취미나 직업적 성격에서 비롯된 편견으로 물든 안경을 쓰고 인생을 살아간다.

5. 편향된 사고를 가져오는 우상

베이컨은 바른 판단을 저해하는 위험요소를 우상(idol)이라고 칭하고 우상을 배격함으로써 고정관념, 편견에서 벗어나 참된 지식을 얻고자 했다. 베이컨이 말한 네 가지 우상은 다음과 같다.

- **종족의 우상:** 인간의 감각기관이 사물의 척도인 것으로 착각할 때 생기는 것으로, 인간이라는 종족의 본성에서 유래하는 편견을 말한다 (예 : 새가 노래한다).
- **동굴의 우상:** 사람들은 자신의 사회적 지위, 환경, 읽은 책의 내용, 지적 취향에 따라 자신의 동굴에 갇혀 편향적으로 사고한다(우물 안 개구리).
- **시장의 우상:** 인간의 언어사용에 따른 편견을 말한다(예 : 용, 귀신, 신, 이데아 등은 그에 해당하는 실재가 없는데도 있는 것으로 믿기 쉽다).
- **극장의 우상:** 잘 꾸며진 연극에 환호하는 관객들처럼, 전통과 권위를 무조건 신뢰하고 받아들이는 것을 말한다. 나름대로의 일관성을 갖추고 잘 가공되어 포장된 진실은 사실인 것처럼 믿게 된다(예 : 신학, 그럴듯한 논문 등).

| 새가 노래한다는 것은 인간 중심의 편견이다. | 사람은 누구나 자신의 좁은 관점에 집착하여 우물 안 개구리로 살아간다. | 용은 없는데 인간의 언어에 의해 있는 것처럼 인식된다. | 권위 있는 잡지에 실린 논문은 진실인 것처럼 믿게된다. |

6. 패러다임 - 보이지 않는 인식의 장막

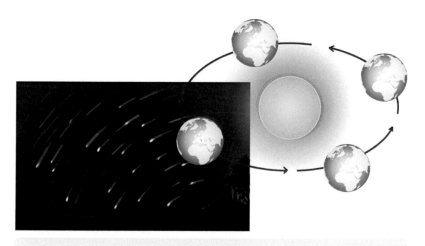

천동설을 굳게 믿고 있던 시기에 진리로 간주되어 오던 것들은 지동설이라는 과학혁명을 거치면서 더 이상 통하지 않게 되었다. 과거의 성취에 기반을 두고 있던 지배적 패러다임은 새로운 패러다임으로 교체되고, 이때 사고의 틀이 완전히 변화하게 된다. 인간은 시대의 아들로서 동시대 패러다임의 지배를 받는다.

패러다임은 일정한 시기의 과학자 집단에 의해 공유되는 신념과 가치, 사고의 틀을 의미하는 단어로 쓰인다. 토머스 쿤은 『과학혁명의 구조』에서 과학적 사고의 변화는 발명의 축적과 오류의 수정을 통하여 점진적·누적적으로 이루어지는 것이 아니라, 패러다임의 교체에 의해서 사고의 틀이 완전히 변화하는 형식으로 이루어지는데, 이 변화를 과학혁명이라고 했다.

과거의 과학적 성취에 근거하여 현재의 통념, 상식으로 인정받는 지배적 패러다임(정상 과학)은 그에 부합되지 않는 변칙적 사례들이 증가하여, 현재의 정상 과학으로 해결할 수 없는 문제들이 등장하게 되면 폐기되고, 새로운 패러다임이 낡은 패러다임을 대체하게 된다는 것이다.

과학은 선입견, 편견 없이 객관적 사실을 탐구하는 것으로 알려져왔다. 그러나 사실은 공통의 약속에 의한 특정 패러다임의 규제를 받으며, 패러다임이 보이지 않는 인식의 장막으로 작용하여 연구 대상, 연구 방법, 연구 결과가 가져야 할 특성 등을 제시하여 속박하기도 한다.

7. 장자의 무차별적 세계관 ①

　도(道)의 관점에서 보면 모든 존재는 귀천이 없으나, 개별적 존재의 관점에서 보면 자기는 귀하고 남은 천하다.

■ 사람은 습한 데서 자면 병에 걸려 죽지만, 미꾸라지는 그렇지 않다. 사람은 나무 위에 올라가면 떨어질까 무서워하나, 원숭이는 그렇지 않다. 사람은 소나 돼지를 먹고, 사슴은 풀을 먹고, 지네는 뱀의 골을 달게 먹고, 솔개와 갈까마귀는 쥐를 맛있게 먹는다. 미인도 물고기가 보면 숨고, 새가 보면 달아난다.

　각자 자기의 편견에 따라 그것을 시비의 표준으로 삼는다면, 누군들 표준이 없겠는가, 사물을 있는 그대로 받아들이고 상대적인 입장에서, 그리고 대자연의 입장에서 평등하게 바라보아야 한다. 하늘과 땅은 원래 나와 함께 생겨났기 때문에, 자연과 나는 구분이 없다.

■ 모든 존재는 다양하고 개별적 고유성을 가지고 있다. 올바른 주거지, 올바른 맛, 진정한 아름다움은 개별적이며 획일적·객관적 기준은 없다. 장자는 인간의 잣대로 만물을 평가하려 들지 말고 인간중심주의, 도구주의의 한계를 넘어설 것을 주장했다.

사람은 습한 데서 자면 병에 걸려 죽지만 미꾸라지는 그렇지 않다. 인간을 잣대로 만물을 평가하지 말라.

독버섯은 인간에게는 쓸모없지만, 자연계에서 유기체를 분해하여 지구를 깨끗하게 하는 중요한 역할을 한다.

강아지는 사람보다 작지만, 파리에 비하면 크다. 크고 작음은 무엇과 무엇을 비교하는 문제일 뿐 절대적인 기준은 없다. 장자는 크고 작음, 옳고 그름에 대한 차별을 넘어설 것을 주장하였다.

장자가 볼 때 크고 작음은 어떤 것들을 비교하는 문제일 뿐, 절대적인 기준은 어디에도 존재하지 않는다. 예컨대 작다고 생각하는 강아지나 고양이 또한 파리나 모기에 비하면 크다. 이렇게 크고 작음은 비교의 문제일 뿐, 자신이 크다고 생각하면 큰 것이고, 작다고 생각하면 작은 것이다.

장자는 옳고 그름에 대한 차별도 잘못된 것이라고 보았다. 여기서 옳고 그름이란 선과 악의 문제일 수도 있고, 좋고 싫음일 수도 있고, 아름다움과 추함일 수도 있다. 장자는 이러한 개념 또한 절대적인 기준이 있을 수 없으며, 아무도 답을 내릴 수 없다고 생각했다.

사람들은 자신의 감각에만 의존하여 사물을 바라보고 판단하기 때문에 그 판단은 주관적이며, 크고 작음, 옳고 그름은 모두 상대적이며 상호 의존적이다. '크다'는 것은 '작다'는 것이 있어야 성립되는 것이며, '옳다'라는 것은 '그르다'라는 것이 있어야 성립된다. 또 동쪽은 서쪽을 통해서만 있을 수 있다.

■ 장자는 인간의 감각에 의해 얻는 지식은 상대적이므로 사물을 양쪽으로 볼 수 있는 양행(兩行)의 길을 터득해야 한다고 했다.

9. 장자 - 나비의 꿈(호접몽, 胡蝶夢)

　장자가 꿈에서 나비가 되어 훨훨 날아다니며 놀 때, 스스로 장자라고 생각하지 않았다. 꿈에서 깨어난 다음에야 잠시 "내가 나비 꿈을 꾸었구나"하고 자신이 장자임을 확인하게 되었다. 그러나 좀 더 깊게 생각해보니 원래 나는 나비인데, 지금 꿈을 꾸고 있어 내가 장자라고 생각하는 것이 아닌가 하는 의문이 든다.

　지금 이 순간도 또 다른 꿈이 아니라고 어떻게 보장할 수 있는가? 꿈을 꾸는 중에 또 잠을 자 꿈을 꿀 수도 있는 것이다. 자기 마음대로 꿈에서 깨어날 수 없기 때문에 장자인지 나비인지 입증하기도 어렵다.

　장자는 이 세상에 존재하는 모든 것들이 하나의 어떤 것으로서만 묶여 드러나지 않고, 모든 사물이 각자 외롭게 홀로 서 있는 것이 아니라 서로 얽히고설킨 관계로서, 오늘은 이렇게도 있다가 내일은 변할 수도 있다고 본다. 즉 나는 장자도 될 수 있고 나비도 될 수 있으며, 장자도 아니고 나비도 아닐 수 있다.

장자가 꿈에서 나비가 된 것인지 아니면 나비가 꿈에서 깨어나 장자로 된 것인지는 입증하기 어렵다. 세상 만물은 하나의 어떤 것으로 묶여 있는 것이 아니라 오늘은 이렇게 있다가 내일은 저렇게 변할 수도 있는 것이다.

물고기가 은빛이라고 하는 것은 감각을 통해 얻은 지식(속견)이다. 물고기가 어류에 속한다고 하는 것은 이성적, 과학적 탐구를 통해 얻은 지식(공통관념이 만들어내는 지식)이다. 물고기가 즐겁게 놀고 있다고 하는 것은 자연의 본성으로부터 깊이 사유하여 얻은 지식(직관지)이다.

스피노자는 지식을 속견(俗見)으로서의 지식, 공통관념(共通觀念)이 만들어내는 지식, 직관지(直觀知)의 세 단계로 분류했다.

속견(俗見)으로서의 지식은 감각을 통해 얻는 지식으로, 환경과 상황에 따라 변할 수 있으며 정확성을 결여하고 있다.

공통관념(共通 觀念)이 만들어내는 지식은 감각이 아니라 이성, 과학적 탐구를 통하여 얻게 되는 지식이다. 여기서부터 인간은 과학으로 나아갈 수 있다.

직관지(直觀知)는 신(자연)의 본성으로부터 개별 사물들에 대한 인식으로 나아가는 것으로서 가장 높은 단계의 지식이다.

이론적 탐구만으로는 부분적이고 파편적인 진리만을 얻을 수 있을 뿐 큰 진리를 온전하게 볼 수 없으므로, 진리에 이르기 위해서는 자연의 본성으로부터 깊이 사유하고 성찰하여 전체를 아우르는 면을 종합적으로 파악하는 태도가 필요하다는 것이다.

11. 직관지(直觀知)
② - 파스칼

자신에게 아무런 이익도 없는 자선활동을 하는 것은 머리로 생각하는 이성으로는 잘 설명이 되지 않는다. 그러나 감각이나 이성에서 한 차원 더 나아가 마음의 작용으로 세상을 바라본다면 이성의 한계를 벗어날 수 있고 자선활동을 하는 것이 자신에게 이롭다는 직관적인 통찰에 이르게 될 수 있다.

파스칼은 "내 몸은 세상에 대한 나의 관점이다."라고 했다. 나는 감각을 통해 세상을 인식할 수 있는데, 감각은 한정된 것만을 인식할 수 있고 주관적이므로 그것을 기준으로 판단하게 되면 오류나 환상에 빠질 위험이 있고, 선입견으로 진리를 바로 보지 못할 위험성이 있다는 것이다. 이 때문에 파스칼은 신체의 감각을 경계하고 주관적 관점을 벗어나 마음의 작용으로 세상을 바라보아야 한다고 했다. 파스칼이 말한 마음은 이성으로 설명되지 않는 직관적인 통찰력을 가리킨다. 누구를 좋아한다든가, 자신에게 아무런 이익도 없는 자선활동을 하는 것은 머리로 생각하는 이성으로는 잘 이해되지 않는다.

파스칼에게 마음은 진리로 열려 있는 문이며, 진리는 마음의 작용, 즉 비이성적이고 직접적이며 직관적인 통찰을 통하여 파악할 수 있다.

■ 파스칼의 생각은 이성의 한계를 깨닫고 직관적이고 주관적인 것의 중요성을 발견했다는 점에서 그 의의가 있다.

12. 직관지(直觀知)
③ - 데카르트

직관은 의심할 것이 전혀 없는 지적인 통찰로서 경험을 통한 인식과 반대되는 개념이다.

경험적 인식은 종종 착각을 일으켜 혼란을 가져오지만, 직관은 맑은 정신을 통하여 어떠한 의심도 일으키지 않는 명석하고 판명한, 참된 지식을 제공한다. '나는 생각한다'라는 말은 도저히 의심할 수 없는 것으로서 명석·판명함을 갖춘 것이다.

이것은 직관으로 얻은 지식으로서 도저히 의심할 수 없기 때문에 '나는 존재한다'라는 결론이 필연적으로 도출되어 공리를 만들어낸다.

공리는 증명할 필요 없이 직관에 의하여 자명한 진리로 인정되는 것이다(예 : 삼각형의 변이 세 개, 구의 면이 한 개라는 사실).

데카르트에 의하면, 아리스토텔레스의 삼단논법은 논리를 이끌어내는 전제가 특별한 근거 없이 절대적인 권위가 부여된 것이며, 그것은 공리가 아니다. 데카르트는 공리라는 확실한 사실에서 출발하여 진리를 얻어야 한다고 했다(연역법).

'나는 생각한다'는 것은 직관으로 얻는 지식으로서 도저히 의심할 수 없는 것이므로 여기에서 '나는 존재 한다'는 결론이 필연적으로 도출된다.

나는 생각한다 ─ 고로, 존재한다.

삼각형의 변이 세 개, 구의 면이 한 개라는 사실은 증명할 필요 없이 직관에 의해 자명한 진리로 인정된다.

13. 인식은 경험에서 얻어진다

① - 로크의 경험론

존 로크는 "인간의 지식은 경험에서 얻어진다. 인간의 정신은 백지와 같은 것이며, 우리의 경험을 통해서 하나하나 채워진다"고 했다. 인간이 태어날 때부터 가지고 있는 생득 관념은 없고, 모든 관념은 경험에 의해 습득되는 습득 관념이라는 것이다.

존 로크에 의하면 경험은 인식의 통로이며, 우리는 경험 속에서 감각과 반성을 통하여 어떤 관념을 만들어낸다. 즉 경험은 일차적으로 감각을 통하여 사물에 대한 관념을 만들고, 감각을 통해 파악한 관념을 근거로 이차적으로 사유(의심, 추론), 분석함으로써 결론을 낸다. 로크에 의하면 인간의 감각을 떠나 실체를 아는 것은 불가능하다.

■ 로크는 인간의 오성(悟性 understanding) 속에 생득 관념이 있다는 것을 확신한다면 사람들은 이성과 판단을 사용하지 않게 되며, 그것을 잘 생각해보지도 않게 될 것이라고 했다.

푸른 색종이를 보고 차가운 색이라고 여기는 것은 우리가 차가운 물에 빠져 본 경험이 있기 때문이다.

14. 인식은 경험에서 얻어진다
② - 흄의 경험론

날개 달린 말이나 용은 순전히 인간의 상상으로 만들어 낸 것이 아니다. 그것은 경험의 테두리 안에서 인간 정신의 능력으로 만들어낸 관념이다.

인간의 사유는 경험의 한계를 벗어나지 못한다. 정신의 내용물은 감각 기관을 통한 경험에 의해 주어지는데, 그것이 지각(perceptions)이다.

지각은 인상(impression)과 관념(ideas)으로 구분된다. 인상은 무척 선명하고 구체적인 것이고, 관념은 볼 수 없고 애매한 것이다. 인상은 우리가 보고 느끼는 것이며, 관념은 인상들을 다시 생각하고 반성할 때 갖게 되는 것이다. 즉 관념은 인상의 기억들이 만들어내는 것으로서, 경험에 의해 제공되는 물질들을 섞어내고, 그들의 위치를 바꾸는 인간 정신의 능력이다.

예컨대 날개 달린 말이나 용은 순전히 인간의 상상으로 만들어낸 것이 아니다. 날개 달린 말은 새와 말, 용은 뱀, 사슴, 독수리 등 여러 동물들의 인상을 조합해서 만들어낸 관념이다. 이것은 새로 만들어낸 것이 아니라, 경험의 테두리 안에서 인간 정신의 능력으로 만들어낸 관념이다. 흄은 의심과 회의를 통해 경험론을 완성했고, 경험론 철학을 집대성했다.

■ 흄은 인과법칙은 인간이 반복적인 경험을 통해 얻은 습관적인 신념이라고 하여 인과법칙을 부정하고, 나아가 자아의 존재까지 의심했다(회의론).

15. 칸트의 인식론

① - 코페르니쿠스적 전회(轉回)

칸트는 인식이 대상에 의해 규정되는 것이 아니라, 이성이 인식을 규정한다고 주장했다. 칸트의 인식론에서 인식의 중심은 사물이 아니라 정신에 있다. 즉 대상에 의해서 인식이 규정되는 것(인간의 감각이 대상을 수동적으로 받아들이는 것)이 아니라, 이성이 인식을 규정한다.

이것을 칸트는 코페르니쿠스적 전회라고 표현했다. 이는 코페르니쿠스가 천동설을 지동설로 전도시켰듯이, 전통적 인식론이 가지고 있던 인식 주체와 인식대상의 관계를 전도시켰다는 것이다.

정신은 대상이 갖는 정보를 받아들이기만 하는 것이 아니라, 경험을 통해서 판단하고 때로는 경험하지 않은 사실조차 판단(선험적 판단)하여 그것에 대한 법칙을 수립한다.

이 세상은 우리로부터 독립하여 존재하고 있는 것이 아니다. 우리가 보는 세계의 모습은 오성과 이성의 기능이 능동적으로 세계를 완성한 결과이다. 인식은 결국 인식의 대상과 주체 사이의 상호작용이다.

■ 칸트에 의하면 사물은 정신이라는 여과기에 의해 걸러지며(분류+종합), 인간의 정신은 사물을 보는 관점과 사고방식을 부여한다.

어질러 놓은 서류(대상)는 인간의 정신작용(분류 또는 종합)을 거쳐 차곡차곡 정리함에 정리된다. 인간의 인식도 이와 같다. 인식은 인식대상과 주체(인간) 사이의 상호작용이며 인간의 정신은 사물을 보는 관점을 제공한다.

신에 관한 문제는 증명할 수 없고, 경험 없이 공허한 논의만이 계속되므로 합리론은 독단에 빠지기 쉽다.

매일 해가 뜨고 지는 것은 모든 인과관계를 경험하지 않더라도 옳다는 것을 알 수 있다.

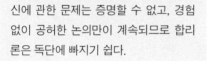

모든 존재는 그것을 만들어낸 주체가 있다 → 따라서 창조주가 있다.

이러한 추론은 경험을 제쳐놓고 이성만이 겉돌고 있다. 합리주의자들이 절대시하는 이성으로는 신, 영혼, 이데아, 자유, 물질의 최소단위, 우주의 끝 등 인간이 경험할 수 없는 영역을 설명할 수 없다. 또 경험 불가능한 일에 이성을 사용하면 이율배반에 빠지게 된다. 이 때문에 칸트는 경험을 초월한 실재에 대한 형이상학적 사유를 독단적인 것으로 간주했다.

칸트는 인간의 경험을 토대로 하지 않은 판단(선험적인 판단)이 있음을 인정한다. 한편 칸트는, 우리는 서로가 같은 사고 장치를 갖고 같은 세상에 살고 있으므로 우리가 경험한 세계에 대한 이성적인 판단은 옳은 것이며, 따라서 해가 동쪽에서 뜨는 것과 같은 '인과율이나 자연법칙까지 의심할 필요는 없다'고 했다.

■ 칸트는 합리론의 독단에는 반대하지만, 인간의 선험적인 판단을 인정한다. 그러나 인간의 인식이 경험과 함께 시작된다는 경험론의 입장도 인정함으로써 합리론과 경험론을 종합했다.

17. 칸트의 인식론
③ - 분석적 종합판단

직선은 최단거리이다(분석판단).
두 점의 직선은 두 점의 최단거리이다(종합판단).

분석판단 + 종합의견 → 분석적 종합판단

사물을 인식하는 것은 경험에서 출발한다. 그러나 경험에 기대지 않고 논리를 동원해 진위를 알 수 있는 경우도 있다. 선험적인 것(경험 이전의 어떤 것)이 경험을 통한 인식을 가능하게 하며, 선험적인 이성적 판단 능력은 종합적 판단과 과학적 추리를 가능케 한다.

판단하기 위해서는 분석과 종합이 필요한데, 분석판단은 경험과 무관한 것으로서 선험적이며, 종합판단은 관찰과 경험을 통해서만 가능하므로 경험적이다. 이것이 선험적 종합판단(선험적인 분석판단과 경험적인 종합판단의 능력을 결합한 것)이다.

선험적 종합판단은 합리적이면서도 경험적인 것이며, 우리의 인식을 넓혀주는 보편타당한 지식을 위해 필수적인 것이다.

■ 분석적 종합판단의 예: 두 점의 직선은 두 점의 최단거리이다.

18. 베르그송 - 직관의 형이상학

우리가 물체의 외부에 있지 않고 그 물체의 내부에 있다고 가정한다면, 우리는 물체를 나타내는 기호에 의존하지 않아도 될 것이며, 대상을 보는 관점조차 사라지게 된다.

대상을 고정되어 있는 것으로 생각하고 따로 분리하여 분석하는 방법으로는 실재를 파악할 수 없다. 실재는 완성된 그 무엇이 아니라 변화하는 여러 가지 상태로 이루어진 것이며, 지속과 운동에 의해서만 파악이 가능하다. 즉 대상 속으로 들어가 계속되는 운동 속에서 일어나는 변화를 포착하여, 직관에 의해 하나의 연속성을 발견해야 하는 것이다.

베르그송에 의하면, 생명의 본질은 순수한 지속이며 양적으로 나타내거나 공간화할 수 없다. 시간 역시 공간적으로 분할하여 계량할 수 없으며, '순수 지속'으로서의 시간은 오로지 직관에 의해서만 파악된다. 베르그송은 현실의 운동, 생명체의 근원을 이루는 것은 '순수 지속'이며, 현대 문명은 생명의 본질인 '순수 지속'을 수량화하고 공간화했다고 비판했다.

■ 베르그송에 의하면, 자아는 시간 속에서 지속되는 것이며 연속적인 팽창이다. 따라서 인간의 자아에 대한 연구는 직관의 방법에 의하여야 한다.

생명의 본질은 고정되어 있지 않고 지속되는 것이므로 그것을 따로 분리하여 분석하는 방법으로는 그 실재를 파악할 수 없다. 생명은 지속과 운동에 의해서만 파악할 수 있다.

19. 메를로 퐁티 - 지각의 현상학 ①

인간의 지적 활동은 우리 몸의 지각에 토대를 두고 있다. 사람의 몸을 떠난 순수한 객관세계는 없고, 몸을 배제한 순수한 의식 세계도 없다. 의식의 주체로서의 '나'와 육체로서의 '나'는 몸을 통한 체험 속에서 하나가 된다. '나'는 '몸'이자 행위의 '주체'인 것이다.

지각은 순수한 정신작용이 아니라, 몸과 밀접하게 관련되어 작용한다. 지각은 몸이라는 주체를 바탕으로 이루어지고, 대상은 몸의 개입을 통해 우리에게 하나의 의미로 나타난다. 지각은 개별적이고 주관적 성격을 띠고 있으며, 지각에는 각 개인의 역사가 투영되어 있다.

우리가 지각하는 것은 완전한 사물이 아닌 사물의 일부분이며, 개인의 체험과 지향적 태도에 따라 세계는 다른 의미로, 다른 현상으로 나타난다. 모든 사람들은 각자 다른 관점으로 세계를 보고 있는 것이며, 각자의 지향성에 따라 제각기 다른 삶을 사는 것이다.

■ 불에 대하여 각자 몸의 반응이 달라지는 것은 과거의 체험에 따라 불에 대한 의미가 제각기 다르기 때문이다.

■ 빨간색은 뜨겁고 파란색은 차갑다고 느끼는 것은 인류가 오랫동안 축적해온 몸의 체험과 관련이 있다.

르네 마그리트 〈폭포〉(1961)

캔버스 밖의 자연은 화가의 지각을 통해 캔버스 안에 들어와 있다. 신체와 세계는 인간의 지각 속에서 만나 그림이 되었다. 즉 자연과 화가가 만나 화가의 지각 속에서 그림이 된 것이다.

20. 메를로 퐁티 - 지각의 현상학 ②

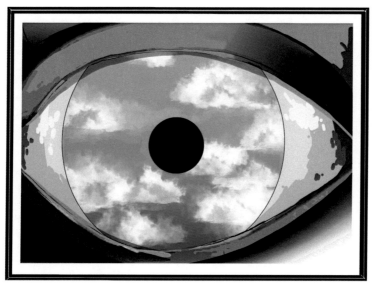

르네 마그리트 〈가짜 거울〉(1935)

원초적 지각의 세계에서는 보는 것(눈)과 보이는 것(하늘), 우리와 세계가 구분되지 않는다. 메를로 퐁티의 지각의 현상학에서 따르면 사람의 몸을 떠난 순수한 객관 세계란 없으며 몸을 배제한 순수한 주관 세계도 없다. 주체와 대상은 필연적 상관 관계를 지니며 주체와 독립한 순수한 대상은 없다.

우리가 보고 있는 그림은 눈인지 하늘인지 구별되지 않는다. 메를로 퐁티의 『지각의 현상학』에 따르면, 몸은 인식의 주체이자 인식의 대상이다. 사람의 몸을 떠난 순수한 객관세계란 없으며, 객관세계와 접해 있는 몸을 배제한 순수한 주관 세계(의식 세계)도 없다.

현상학은 이 양자 사이에 있는 체험 세계야말로 진정한 세계라고 말한다. 세계는 살아 있는 몸을 통해 지각되고 체험된다. 지각은 총체적인 몸의 활동이며, 인간의 지성이나 두뇌 활동 역시 광범위한 몸 활동의 일부분이다. 세계는 살아 있는 몸을 통해 지각되고 체험되며, 지각이 이루어지는 살아 있는 몸은 '현상의 장'이다.

몸의 현상학에 따르면, 주체와 대상은 필연적 상관관계를 지니며, 주체와 독립한 순수한 대상이라는 것은 없다.

21. 메를로 퐁티 - 지각의 현상학 ③

르네 마그리트 〈위조〉(1960)

> 그림 속의 꽃은 바깥 경치와 겹쳐 있다. 안팎이 겹쳐진 세계. 그림 속의 애매한 세계가 우리가 사는 세계인지도 모른다.

르네 마그리트 〈마지막 외침〉(1967)

> 식물은 싹이 트고 꽃을 피우고 열매를 맺고 다시 씨앗을 뿌리며 끝없이 순환한다. 하나의 떡잎에 커다란 나무가 보이는 것, 이것이 세계의 모습이다.

〈위조〉의 그림 속 장면은 안과 밖이 겹쳐 있다. 메를로 퐁티의 현상학에 따르면, 사람의 몸을 떠난 순수한 객관세계나 순수한 주관 세계(의식 세계)는 없으며, 모든 지각은 살아 있는 몸(현상의 장)에서 이루어진다.

살아 있는 몸은 주체와 대상이 동시에 나타나는 곳이며, 주체와 대상은 필연적 상관관계를 가진다. 안팎이 겹쳐진 세계, 그림 속의 애매한 세계가 우리가 사는 세계의 진정한 모습인지도 모른다.

22. 후설의 현상학
① - 판단 중지

우리는 눈에 보이는 모든 것들이 이미 주어진 것들이며, 그것들을 객관적으로 있는 그대로 파악할 수 있다고 믿는다. 이렇게 우리 앞에 있는 세계가 우리의 의식과 상관없이 이미 주어진 것으로 받아들이는 태도를 후설은 자연적 태도라고 했다. 후설이 보기에 이러한 자연적 태도는 허위의식의 근원이며 버려야 할 태도이다.

태양이 지구를 도는 것을 보고, 그것이 자연의 질서라고 생각했던 옛 믿음은 오류로 판명되었다. 사람들은 세계 안에서 느끼고 보고 말하며 행동하는데, 외부 세계는 선입견, 전해 내려오는 믿음이나 지식, 위대한 대가의 명성에 의하여 이미 의미가 주어져 있다. 후설은 이러한 태도에서 벗어나 주어진 세계의 모든 의미를 지우고(괄호 안에 넣고) 판단을 중지해야 한다고 했다. 즉 어떠한 편견이나 고정관념도 갖지 말고 세상을 보아야 한다는 것이다.

> ■ 대상의 본래적인 모습을 보기 위해서는, 개념이나 명칭 등에 구애받지 말고, 우리가 알고 있는 일상적인 믿음이나 지식 등 모든 전제를 지워버려서(의식의 불순한 태도를 제거하고) 판단을 중지해야 한다. 이런 식으로 순수한 현상을 발견하고자 하는 과정을 후설은 '현상학적 환원'이라고 했다.

태양이 동쪽에서 떠서 서쪽으로 지는 것을 보고 사람들은 태양이 지구 주위를 도는 것이라고 생각했다. 우리는 눈에 보이는 모든 것들이 이미 주어진 것들이며 그것을 객관적으로 파악할 수 있다고 믿고 있지만, 그것은 편견이나 고정관념에 의한 것일 수도 있다.

23. 후설의 현상학
② - 본질 직관

무지개를 보았을 때 아름답다고 느끼는 것은 우리가 그 상황에서 의미를 부여하기 때문이다. 세계는 우리에게 드러나는 것만큼 존재하며 세계의 의미는 우리의 의식 속에서 형성된다.

사물에 대한 모든 믿음, 지식 등의 전제를 지우고 의식과 대상이 일치하도록 사물 속에 들어가 남아 있는 순수의식 속에 있는 사물을 관찰하면(본질 직관), 사물의 이름이 아니라 사물 그 자체가 머릿속에 떠오르게 된다. 세계는 외부에 있으나, 현상은 우리 의식의 내부에서 발생할 수밖에 없다. 이때 사물은 나의 의식과 함께 있는 것이며, 외부 세계는 더 이상 외부 세계가 아니라 우리의 의식과 함께 있는 것이 된다.

무지개를 볼 때 아름답다고 느끼는 것처럼 우리는 어떤 상황을 만날 때마다 항상 의미를 부여하는데, 사물을 인식하는 것은 우리의 의식이 의미를 부여함으로써만 가능한 것이다. 현상학에 의하면, 본질은 현상 속에 있다. 세계는 우리에게 드러나는 것만큼 존재하며, 세계의 의미는 우리의 의식 속에서 형성되는 것이다.

■ 의식은 항상 '무엇에 대한 의식'이며, 이러한 의식의 지향성 때문에 대상은 의미를 띠게 된다. 예컨대 다이아몬드는 돌이지만, 사람들의 의식 작용 때문에 귀중한 보석이라는 의미를 지닌 대상이 된다. 진리는 의식에 의해서, 더 나아가 상상에 의해서 새롭게 발견되는 것이다.

24. 후설의 현상학

③ - 르네 마그리트 〈정상의 부름〉(1942)

캔버스는 독수리 바위가 그 안에 있을 것을 요구하고, 풍경은 그것을 창밖에 있으라고 한다. 현상학은 독수리 바위가 캔버스 안에 있는지 창밖에 있는지 신경 쓰지 않고(판단 중지 - 괄호 안에 넣고), 사물 자체로 돌아가 바위 자체만 바라보면, 주관과 객관의 대립이 발생하기 전의 근원적 세계로 돌아가(선험적 환원) 자신의 의식에 드러나는 현상(의식의 순수 현상)만 남게 된다고 한다. 이때 의식과 대상이 일치하여 사물의 본질을 간파(본질 직관)할 수 있다는 것이 현상학적 인식의 방법이다. 본질은 현상 속에 있으며, 세계는 우리에게 드러나는 것만큼 존재한다는 것이다.

르네 마그리트
〈정상의 부름〉
(1942)

독수리 바위는 캔버스 안에 있기도 하고 창밖에 있기도 하다. 현상학에서는 바위가 어디에 있는지 신경 쓰지 말고 바위 자체만 바라보면 의식에 드러나는 바위만 남게 되며, 이때 의식과 대상이 일치하여 사물의 본질을 간파할 수 있다고 한다.